"十三五"职业教育国家规划教材

许琼林 主编

刘兴华 吴访升 张建军 王铁街 副主编

PROFESSIONALISM

职业素养 第二版

清华大学出版社
北京

内容简介

本书为"十三五"职业教育国家规划教材。本书进行了中国职业素养的理论建构，提出了职业素养的"车行与车型"的理论模型；指出职业素养包含思想导向、工作方法和品行范式三部分内容，可以通过"诚信、专业、积极、谨慎"这四个词八个字的修炼来实现。同时，本书还对一个有职业素养的职场人应该怎样度过一天给出了形象的描述。

由于本书来自编者数十年的企业体验与研究，以及各院校的教学需求与实际案例，同时还兼具国际视野，非常切合中国实体经济当前的职场环境。本书适合作为职业院校职业素养教育教材，也可作为各类企业员工的职前和在职培训用书。

本书配有教学课件、教学音视频，扫描书中的二维码即可参考使用。

本书封面贴有清华大学出版社防伪标签，无标签者不得销售。
版权所有，侵权必究。 举报：010-62782989，beiqinquan@tup.tsinghua.edu.cn。

图书在版编目(CIP)数据

职业素养 / 许琼林主编. — 2版. — 北京：清华大学出版社，2021.2（2025.2重印）
ISBN 978-7-302-54480-7

Ⅰ.①职… Ⅱ.①许… Ⅲ.①职业道德-研究 Ⅳ.①B822.9

中国版本图书馆CIP数据核字(2019)第270655号

责任编辑：张　弛
封面设计：常雪影
责任校对：袁　芳
责任印制：沈　露

出版发行：清华大学出版社
　　网　　址：https://www.tup.com.cn，https://www.wqxuetang.com
　　地　　址：北京清华大学学研大厦A座　　邮　编：100084
　　社 总 机：010-83470000　　邮　购：010-62786544
　　投稿与读者服务：010-62776969，c-service@tup.tsinghua.edu.cn
　　质量反馈：010-62772015，zhiliang@tup.tsinghua.edu.cn
　　课件下载：https://www.tup.com.cn，010-83470410

印 装 者：三河市君旺印务有限公司
经　　销：全国新华书店
开　　本：210mm×285mm　　印　张：10　　字　数：237千字
版　　次：2016年8月第1版　　2021年2月第2版　　印　次：2025年2月第13次印刷
定　　价：60.00元

产品编号：086584-04

素养让梦想飞翔

人最美的事情，就是做梦。

有做梦升官发财的，有做梦一帆风顺的，有做梦获大奖中大彩的，有做梦娶白富美嫁高富帅的……

然而总有梦醒的时候。

于是有人说，做梦不好。

这么说的人，意思是梦与现实离得太远。与其沉湎于虚无缥缈的幻境，不如返回斑驳陆离的现实。

其实做梦并没有错。梦是来自内心的呼唤，是心灵的一盏明灯。哪怕现实再千疮百孔，人也该有梦想。梦想是精神的收容所，是灵魂的避风港。一个人如果没有梦想，精神与灵魂就无处遮蔽。

但收容所和避风港不是让你从此感叹蜗居，是给你加好油、充好电，更有劲地重新出发，去工作，去努力，去奋斗，去改变自己的命运。

做梦就是想改变命运，但仅会做梦还不能改变命运。

命运是什么呢？有哲人说："希望恰如命运。"

所言极是。人生就是希望。希望就是梦想中那座南天门，只有一个一个台阶拾级而上，人的命运才由一只在地面艰难蠕动的蠕虫变成一只扇动翅膀的七彩蝶，扑向空中自由飞翔。

当你心中默念着南天门，不怕冰天雪地风吹雨打、不惧流言蜚语调侃嘲弄、不计辛苦万端流泪流汗、耐得住辛苦、耐得住寂寞，一个一个台阶往上攀登的时候，就在潜移默化中获得了一种支撑你实现梦想最珍贵的东西：素养。

什么是素养？素养就是你面对生活、面对工作、面对家人与朋友、面对枯燥与寂寞、面对幸运与灾难所表现出来的全部品性。素养有先天成分，更多的却是得

益于后天的教育和养成。所以说，素养又是一种教养。

无法设想，一个生活吊儿郎当，工作漫不经心，张口怨天尤人，交友言而无信的人，可以谈到什么素养。

简朴的品性构成素养的根基。只有真正夯实它，你自己的上层建筑才能在事业、情感、升迁、荣辱遭遇"八级地震"时坚不可摧。这是你在实现梦想的大风大浪中最坚强的凭借。

经济学中有一个著名的"木桶定理"：木桶容量由最短的那块木板决定。

相应的，还有一个"锁链定理"：锁链的强度由最弱的那个环节决定。

两个定理，一个意思。

所以必须认识自己的短板和薄弱环节。必须通过提高素养，塑造一个能够坚韧地战斗、能够顽强获胜的自己。

我们可以什么都没有，没有金钱、没有权力、没有夸赞、没有地位，甚至上无片瓦可居，下无立锥之地。但是不能没有对自己、对生活的炽烈信念；不能没有向困难挑战、向风险挑战的勇气和决心。一个人可以一无所有，就是不能没有由全部素养支撑的做人的自信。正如《国际歌》里唱的：

"从来就没有什么救世主，也不靠神仙皇帝。要创造人类的幸福，全靠我们自己……"

把手腾出来，放在脉搏上，感受一下自己强有力的心跳。就是通过这一下又一下在你整个生命过程中从不停歇的搏动，新鲜的血液被输向你思维的大脑、支撑的躯干、活动的四肢，于是你可以疲倦时呼呼大睡，醒来时欢蹦乱跳，兴奋时高声呼喊，悲伤时痛哭流涕。

你还可以坐下来学习，静下来思考；还可以如屈原所说："朝饮木兰之坠露兮，夕餐秋菊之落英"；择取天地间精华，培育自己的素养。然后去开辟，去创新，去通过实力改变自己的命运。

一个人最大的幸运，就是能朝自己的梦想飞翔。

这是人生最宝贵的财富。

脉搏现在还在你的两指之间坚强地跳动。

从那似乎从不疲倦的搏动中，你感受到它传过来的什么信号？

是放纵自己的生命，还是把握自己的生命？

从业者的"座驾"与"驾术"
——职业素养的实质和本书的宗旨及由来

编者

职业素养这一课题正越来越引起国人的重视。

随着国家进行技能型社会建设，具有职业素养的技能型人才成为用人单位首选的目标。

中国改革开放四十多年来，从改革开放红利，到政策红利、劳动力红利、技术进步红利等，都曾发挥过巨大的作用。现在从资源投入的角度来看正是需要职业素养红利的时候。职业素养作为社会软资源，应用到生产与社会发展中起到的是一本万利的巨大作用。

在习近平新时代中国特色社会主义思想的新发展理念下，企业发展的关键还在于人才；人才能否充分发挥作用则需要各方的职业素养发挥作用。

提升了职业素养，企业的投资人与管理者会更加关注员工的发展与利益，提高企业的凝聚力。

提升了职业素养，员工则会认识到自己的努力应该与企业的利益相融合，自觉地与企业的管理要求和发展取向相一致。

提升了职业素养的企业就会上下同一意志，保持信心，形成和谐发展、包容发展、共享发展的局面，再大的困难都可以克服。

职业素养同样是提升共同富裕、发展能力的关键方面。

幸福是奋斗出来的，发展能力是来自个体与家庭内生性的发展力。有了提升职业素养的意识，人人在职业行为与做人做事中做到更有素养，普通人的成长、成才

与成功才具有坚实的基础。

总之,提升职业素养,个人就会认真钻研业务与技能,在人生与职业之路上获得更好的发展,并给家庭带来幸福;单位与集体也可以借助成员的职业素养提高,提升各方面的发展能力,提供更优的产品与服务,获得更好的效益;社会则由于普遍的个人、家庭与单位集体都成长成功而更加幸福、更加优秀、更好地发展。

提升职业素养正是走共同富裕道路不可或缺的基础建设。

近年来,国内对职业素养的研究越来越多,对职业素养概念的研究和职业素养内涵的探究也很多。许多同行借鉴国外"冰山模型"(iceberg model of competencies)对职业素养进行阐述,认为职业素养可以分成看得见的显性部分与看不见的隐性部分。冰山浮在水面以上的部分,代表人的形象、资质、知识、职业行为和技术技能等方面,是人们看得见的、显性的。而冰山隐藏在水面以下的部分,代表人的职业意识、职业道德、职业作风和职业态度等,是看不见的、隐性的。且后者占很大部分,也更重要,对前者起着决定性的作用,一般将后者称为通用职业素养或职业基本素养等。

还有很多教材在谈到职业素养的"提升""训练""诊断"等时,也对职业素养内涵给出了大致的范围描述。

总体上,职业素养的理论体系在中国尚处于构建之中,同行们的探索成果给我们带来了诸多启发。本书依据中华优秀传统文化,结合劳动精神、劳模精神和工匠精神的理念要求,加上主创原本从事民营经济研究,在企业实践中摸索出来职场对员工的基本需求,以及员工在做人做事中实现自己成长与成功的关键性素养需求方向。经过20余年的持续研究,结合阅读大量名人传记、企业经营管理著作,以及与国内外同行的交流讨论,出版多部专著,持续迭代更新,终于形成了本书所归纳的切合个人成长与成功需求、适应用人单位需要、具有中国特色的职业素养理论。

自2016年起,在北京修证公益基金会推出的"职业素养教育进院校工程"中,陆续有几十家院校设立了职业素养公益教学点,开展以本体系教材为蓝本的教育教学,形成了学生爱学、教师乐教的教学局面。教学实践也推动了理论研究,所以本书每重印一次,我们都会根据教学成果进行一定程度的更新。学习了这套职业素养理念的学生进入工作单位后,明显更受用人单位的欢迎。

本书立足于——

认为职业素养是从业者在职场成长与成功的关键助力工具,如果说职业生涯是一条前行的道路,那么职业素养就是从业者的"座驾"和体现驾驶水平的"驾术"。

在教材的绪论部分,从功能内涵、系统结构两个方面对职业素养的概念与内涵进

前 言

行了形象化的描述，给出了较为完整的定义，并提出"知—修—行—证"与"全生活修炼"两套独创的职业素养教育教学理念。

在教材的主体内容部分，对职业素养"座驾"的四大系统——"诚信""专业""积极""谨慎"逐一进行解读，依照独创的理念给出相应的课题、教案和其他工具供教师开展教育教学。

在教材的附录部分，重点让修习者进行"驾术"的训练与理解。即以职场中的一天为背景，以职场人对家庭生活、职场事务、社会关系三大方面进行从容应对处理为目标，以体现高水准职业素养为要求，综合给出在心态、举止、技能和需要遵守的规范等方面的示范性标准，让修习者在"知—修—行—证"中实现职业素养的螺旋式循环提升。

我们坚信，每一个就业场所都在职业素养方面为从业者备齐了打造座驾、训练驾术所需的全部条件。

车辆行驶是软件（驾驶人员的个人能力与决断力）同硬件（车辆各个系统）相互结合、相互作用的结果；如果软硬件俱佳，车辆可以一路平安且高速行驶。从业者最终能否拥有和熟练驾驭"职业素养的座驾"（是顶级跑车还是破旧的"三蹦子"），或是根本就没有车子，只能光着脚在职场上蹒跚向前，大多数情况下都取决于自己的修炼。

职业素养既不是简单的虚礼、技巧，也不是只讲奉献、不问收获的精神说教，而是十年、二十年、三十年职业生涯之后，决定从业者将会处在职业生涯的何处、拥有什么样的职业状态、取得什么样的职业成果与人生成果的关键因素。

换言之，职场能否成长与成功将主要取决于自己的职业素养。弄明白这层关系之后，该如何对待职业素养，相信每个人都不会怠慢了。

本书的编写团队如下：

许琼林　北京修证公益基金会
刘兴华　山西交通技师学院
吴访升　常州纺织服装职业技术学院
张建军　唐山工业职业技术学院
王铁街　武汉电力职业技术学院

职业素养（第二版）
教学课件

导读

1. 本书主体结构分为三部分。

绪论部分对职业素养理论模型进行了建构，提出了职业素养的"行驶模型"和"车型模型"，这是职业素养理论上的一次创新和突破，形象、简练、易理解、易实行。对"知—修—行—证"和"全生活修炼"两套独特的职业素养教育教学理念进行了解析。

主体部分以四大单元对职业素养的四大关键因素，即"诚信""专业""积极"和"谨慎"分别进行解析和论述。

附录部分则描述了一位有职业素养的从业者应该是什么样的心态和举止，拥有什么样的技能和需要遵守哪些规范，去度过自己的一天，形象生动，易于操作。附录之后的结语，还对职业素养修持者所应该散发出来的光彩进行了描述。

2. 为了对主体部分各大单元的内容进行充分的阐述，本书采用"A课"和"B课"两部分分别进行展开。

每课内容还全部附有"对话"和"练习"。这些栏目涉及的都是从业者在实际职业生涯中会碰到的难题，学习者能从中得到拨云见日般的提示。

3. 本书在"教学化"方面进行了系统努力。通过正文的二维码，提供了20多个"全生活修炼"项目的指导教学视频，还特别设计了《职业素养之歌》，以显著提升教学成果。

共享

本书配有教学视频和音频，读者可在配有二维码的章节直接扫描试看和试听。如要下载音视频资料或咨询教学相关事宜，请扫描下方二维码联系北京修证公益基金会。

目录

绪论 理论建构：概念与理念 / 1
　　1 本质：职业素养是职场成长与成功的第一力量 / 2
　　2 概念：职业素养的定义及概念模型 / 6
　　3 路径：利用"知—修—行—证"规律，习得职业素养 / 13

第一单元 诚信 / 19
　　1 忠于职守，敬业感恩 / 20
　　2 诚实守信，不欺不骗 / 30
　　3 忠诚企业，锻炼自己 / 38

第二单元 专业 / 49
　　4 用心和悟性是职场金刚钻 / 50
　　5 规矩即师傅，善学善思造就专家 / 58
　　6 现场是职业人的"职场字典" / 66

第三单元 积极 / 73
　　7 积极推动自己去突破 / 74
　　8 积极与人沟通 / 81
　　9 积极承担责任 / 88

第四单元 谨慎 / 99
　　10 好事中保持谨慎 / 100
　　11 善待与宽容他人 / 108
　　12 永远想着自己的职业声誉 / 115

附录

可能的一天
——作为职业人的我，需要具备的心态、举止、技能
和需要遵守的规范 / 123

结语

从容地坚持
——职业素养修持者应该散发出来的光彩 / 144

职业素养之歌 / 147

致谢 / 148

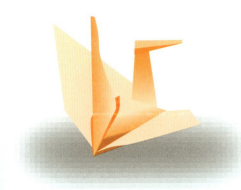

绪 论

理论建构：概念与理念

1 本质：职业素养是职场成长与成功的第一力量

2 概念：职业素养的定义及概念模型

3 路径：利用"知—修—行—证"规律，习得职业素养

1 本质：职业素养是职场成长与成功的第一力量

幸福都是奋斗出来的。人生在世，靠职业谋生，也靠职业取得人生的成功。对每个人来说都大致如此，少有例外。

社会发展靠各行各业的人在职场上努力工作。对国家和社会来讲，进步的基本动力就在这里。

努力在职场上奋斗的有许多人：有的人有着崇高理想，一心为社会谋利，他们不计较或者少计较收入多寡，这样的人是可敬的，他们是中国的脊梁；有的人把谋生、成长与成功放在生活首位，这样的人占大多数。所有奋斗者的人生成长与成功大都来自工作。

我们在社会上的声望、成就、荣誉，大多来自工作；我们挣钱供养生活——奉养父母、结婚成家、抚养子女，还有其他各种开销，也都要通过工作挣钱来维持。

幸福来自工作，来自工作带来的成就，所以有人说："通过工作，活出生命的精彩。"对于普通人来讲，通过工作获得更多的收入，生活就会更潇洒、更幸福！到了自己衣食无忧，想为社会多作些贡献的时候，手中如能掌握更多资源，也可以有更强的能力帮助别人，让自己的善心发挥更大的作用。

挣钱的方法有很多种，都是要人去掌握的。挣钱的行业有许多，都是充满竞争的。人怎样才能在职场上成为获胜者，成为获得成就的人，或者即便挣钱不多却不断成长，成为对社会做出更多贡献的人？

要想成长与成功，当然要有梦想。志不立，天下无可成之事，立志就是要怀揣梦想。另外，机遇也是成长与成功所要依托的重要资源。

但如果缺少职业素养，再伟大的梦想，再好的机遇，都可能付诸东流。将知识、技能和做人做事的能力整合到一起的职业素养，则是职场上最重要也是眼下整个社会最稀缺的职业资源——所有的行业都对此极度渴求。

有了职业素养，工作效率会更高，更少走弯路，更少犯错误，更容易克服困难。一句话，工作的本事会更大。

绪论 理论建构：概念与理念

对于现在的年轻人来说，有幸能够接受职业素养教育，并且将其中的诀窍真正学到手，用到位，那么你将是职场上最受欢迎的人，还会成为职场中最踏实、最从容、最成功的一员。

就个人而言，在职场上能有多大的成功，取决于职业素养有多高。这是职场成功与职业素养之间关系的本质所在。谁具有职业素养，谁就获得了职场成长与成功的第一力量。

对话 长期修炼职业素养——
会让你成为做人做事都受人称赞的人

A：人生在世几十年，去掉成年之前和老年之后的时光，我们用最精彩的时光在职场上奋斗。对于人生中最宝贵的职场生涯来说，到底赢在哪里？输在何处？我们能像设计一个电子产品一样，设计出每一阶段的"成长与成功模式"吗？

B：人生可以规划，但不能完全设计，或者说人生可以选择一个方向，但是不能保证每一个阶段都能按照计划逐一兑现。人生是大洋中的一只船，时代潮流才是各行各业发展的主导力量，职场人只有在顺势而为之中因势利导。

A：那么职业素养在人生的职场生涯中起什么作用呢？

B：一只船在大洋中要想做到因势利导地航行，船身、船桨和船舵缺一不可，职业素养既是这三者的综合，也是这三者的增强器。

A：在社会上，常看到很多名人，还有一些所谓"成功人士"并不是很有素养，有的人还靠恶俗、不怕丢丑成了"网红"，这是不是说明素养（包括职业素养）并不是那么重要？

B：这是一个非常重要的问题！如果你不觉得职业素养绝对重要，就难以坚定修炼和证悟职业素养的信念，职业素养就会成为一场空谈。

A：其实，我们也看到那些所谓的"成功人士"往往是今天还春风得意，过不了多久就栽了跟头，好像并不容易真正长久地获得人们的尊重。

B：是的，那些长久获得人们尊重的人一定职业素养很高。职业素养不高的人不会长久风光，长久受人尊敬的人肯定职业素养高，这就证明了职业素养才是职场上的"试金石"！

A：修炼职业素养是件非常辛苦的事吧？

B：从长期来看，从总是要对自我提出一定标准的要求这些方面来看，可以说修炼职业素养是不轻松的事情。但如果换一个角度看，当把职业素养的基本秘诀学到手之后，只要按照一定的规矩和口诀去办事，就能保证你在职场上基本不会犯错。你不用再满心狐疑地对待工作和他人，或者即便你犯了错也能从错误中学习到不再犯同样错误的本领。

A：听说职业素养对忠诚的要求很高，即使踏实工作也不能放松。这会不会让我失去快速成功的机会，永远只能停留在职场很低的位置上？

B：要求高的东西总是很有价值的，有价值的东西一定会换来高回报。在职场上，忠诚肯定会换来你的成功，这也是本书将要告诉你的秘诀之一。

理论建构：概念与理念　绪论

 A：那么我能指望快速成功吗？

 B：塑料大棚和饲养场的蔬菜、家禽，为什么没有自然环境下的味道好？就是因为生长期太短，也没经历雨雪风霜，它们的数量虽多，但比自然状态下生长的价值差很多。同样，人的成长也不要急功近利，看十年后的成果，你才能静下心来。

 A：静心在职业素养中也很重要吗？

 B：人生第一要解决的大问题就是静心！

 A：可不可以理解为心安就会从容，就能踏实，在这种状态下经过长久的努力就能成功。

 B：完全正确！十年树木，百年树人。用数十年的职场时间，跑一场"人生的马拉松"，静下心来，慢慢跑。学好了职业素养，会让你做人做事都受人称赞，每过十年算算账，就能看到那些缺乏职业素养者和你之间的差距之大，绝对让人意想不到！

讨论练习　从业时间、从业者的技能与高收入的关系

对于刚跨入职业岗位的人来说，取得相对高一些的收入，应该是大家都可以理解的正常要求，但是不同的行业、不同的阶段、不同的岗位都会有收入高低的不同。眼前高收入的行业，肯定只有少数人能进入，而那些今天看起来冷门、收入也不高的行业，可能未来还会好起来。即便进入了高收入行业，这个行业里的多数人也只能拿本行业里较低的工资。

能够保障获得高收入的，最终靠的还是工作能力，靠的是你对工作所做出的贡献。工作能力在通常情况下与从业时间（特别是在一个行业和一个单位的从业时间）有很大的相关性。

请和老师指定给你的搭档一起讨论下面的问题。

你听说过的高收入岗位有哪些？

你知道的高收入者都是多大年纪拿到高工资的？

你准备在工作多少年之后拿到高工资？怎样做到？

5

2 概念：职业素养的定义及概念模型

A．职业素养的定义——在职场上待人处事时所表现出来的基本品性

素即本色、本来的东西，引申为事物的基本成分。

素养即本来的、平日的修养。修养，一方面指在理论、知识、艺术、思想等方面有一定的水平，另一方面表示已经养成的正确的待人处事的态度。

既然是本来的、平日已经达到的修养，那么素养就一定会在待人处事中表现出来。所以，素养就是你面对生活、面对工作、面对家人与朋友、面对枯燥与寂寞、面对幸运与灾难所表现出来的全部品性。

职业素养也称职业修养。就是一个人在职场上待人处事（也称做人做事）时所表现出来的内心的、习惯的、本来的、时常会不自觉展现出来的基本品性。

职业素养与职业素质有相似之处，也有区别之处。两者都是描述职场人的内在基本品性，但职业素质的概念主要从某人具备的基本品性的角度来描述，侧重于拥有性，而职业素养的概念主要从某人表现出来的职业素质的角度来观察和阐述，侧重于表现性。

综上，我们这样定义：职业素养就是人们在职场上为适应更好地工作、成长与成功而对资源集聚与使用的需求，进行价值判断与做人做事选择的内在价值观、学问技能与修为。人们在某一领域或事务上的职业素养越高，对他人和资源的集聚力越强，对资源的使用水平也越高，这种集聚力和使用水平往往表现为对周围人与事物以友善为基本态度、以建设性为基本前提的连接，即便是必要的争论也会以大局为重、以争取尽可能的合作为目标、以不失风度与人格为限度。所以，职业素养，也可以称为职商。

由于职业素养表现出的对人与事物友善和建设性连接的特性，受欢迎的职场人就应该具备深度的敬业意识，因此具有职业素养的人必然具备劳动精神和工匠精神，到了堪为楷模的时候就体现为劳模精神。综合起来，职业素养中蕴含着全社会提倡的劳动精神、奋斗精神、奉献精神、创造精神和勤俭节约精神。

职业素养是一个人的基本品性在职场上的表现，这些品性不仅在职场中展现，在生活中也一样会表现出来。职业素养既需要在职场中培养，也是在生活中养成的，从广义的概念讲，做人本身也是一种"职业"。职场与生活虽然有所区别，却是不可分割的。职业素养的培养和影响，也在工作和生活之间既有所区别，又相互密切关联。职业素养是职场人在职场成长与成功的第一力量，同时职场成长成功与基本素养也是家庭幸福的两大力量与关键资源。

B．职业素养的功能内涵——思想导向 + 工作方法 + 品行范式

世界著名的韦氏大辞典（The Merriam-Webster Dictionary）指出，一个人要想把工作完成得优秀，就应该通过训练，去获得"技能""优良的判断力"和"有教养的行为"，这就是职业素养。

根据中国的具体情况，本书将职业素养的内涵划分为三大功能，即一个人在职业上表现出来的"思想导向""工作方法"和"品行范式"。

思想导向，是指如何"做人做事"，每当在职场上遇到一件事时，如何判断它的好坏与对错，如何判断它的重要程度，哲学上称之为"价值观"。实际上，就是教会人当一件事情摆到面前时，怎样判断、怎样对待这件事——到底是该喜欢还是该厌恶，是该积极处理，还是应该躲着走。导向掌握好了，才会有好的心态去面对他人和事务。

工作方法，是指"技能"，即干某件事需要具备的专门技术，延伸理解的话，包含使用技能的程序流程、基本规范和忌讳等。掌握好了通用的工作方法和自己所从事行业的专门技巧，可以准确和高效地开展工作，做到事半功倍。

品行范式，是指当你出现在事情和人们面前时，是怎样的仪态举止和行为方式。有良好的仪态举止和行为方式，就可以获得别人对你的良好印象。

良好印象是职场上一种有效的"通行证"，价值连城。

C. 职业素养的系统组成——诚信 + 专业 + 积极 + 谨慎

如何才能修炼出优秀的职业素养（也就是好的"思想导向""工作方法"和"品行范式"），或者说通过哪些方法去修炼？

经过长期的研究，本书的结论是：

一个职场人，只要在职场上修炼并且表现出"诚信""专业""积极""谨慎"这四大系统的高度素质和修养，就具备了优秀的职业素养。

本书的任务主要就是详细解读这四大系统，并通过"知—修—行—证"和"全生活修炼"，让人修行和证悟出一身优秀的职业素养。

车型模型

王卿 绘

D. 职业素养的概念模型——"行驶模型"与"车型模型"

在职业生涯中，你好像是开着一辆车。

（1）这辆车是无形的，你对驾驶过程也是看不见的，却是你整个职业能力和影响力的主要组成，它表现为你的职业素养。

这辆无形的职业素养之车在职业之路上行驶着。按照车辆行驶的基本规律，它应该拥有完备的"导航及操控功能""动力与行驶功能"和"承载结构功能"。

本书对职业素养功能内涵的描述用"行驶模型"来表示——

"思想导向"是职业素养之车的"导航及操控功能"；

"工作方法"是职业素养之车的"动力与行驶功能"；

"品行范式"是职业素养之车的"承载结构功能"。

（2）如果要将一辆车的结构系统分解，可以分成"承载系统""行驶系统""动力系统"和"安全保障系统"四大系统，对应着"车型模型"的四大组成系统。

"诚信"是职业素养之车的"承载系统"。国人说"人无信不立"，忠诚和信誉是职场上赖以承载别人给予托付的车架子，别人信得过你多少就会给你多少生意和事业。"厚德载物"是正面的讲法，这句话对应的也就是"无信不立"，所以说诚信是职业素养的承载系统，是一个很恰当的比喻。

"专业"是职业素养之车的"行驶系统"。职场上要靠专业能力去解决问题，车子专门用来跑路的就是轮子。职业素养中的"专业"的能力有多重要？如果问问开车人没有车轮会如何，他会说如果没有车轮，不仅它自己动不了，别人想拖也拖不走！

"积极"是职业素养之车的"动力系统"。也就是说，"积极"就像是工作中的动力之源，如果这一部分很先进也很强劲，那一定是备受用户赞扬的。

"谨慎"是职业素养之车的"安全保障系统"。开车需要安全，对此不仅驾驶者应该有深刻认识，他的家人和路人也很关心这一点。车辆安全保障系统的重要性，映衬了从业者具备谨慎的素养，是怎样的不可或缺。

归结起来，本书通过行驶模型与车型模型概念描述出职业素养的两个简单而形象的逻辑结构，这也是素养这个词的基本性决定的，因为最简单、最本质，才是本源，才是素的原意。车型模型所描述的职业素养包含诚信、专业、积极、谨慎四大系统，一方面相当于绘画颜料中的"原色"，可以调配出其他各种颜色，职业素养车型模型四大系统可以组合成各种职场要求的不同素养，比如，专业+积极+谨慎=有安全意识的素养，诚信+积极=厚德的素养。另一方面又能分解出多种素养，比如，诚信=诚实+诚恳+忠诚+信任+信誉+守信，专业=专一+专注+专攻+专长，等等。

对话 怎样认知职业素养"三种功能、四大系统"？

A：职业素养由"诚信""专业""积极""谨慎"四大系统组成，形成"思想导向""工作方法"和"品行范式"三种功能，为什么是这样的理论结构体系？

B：本书提出的体系，第一是根据中华优秀传统文化和社会主义核心价值观中的诚信要求，第二是来自实践的总结，凝练了做人做事实际需要具备的基本素养，第三是按照教育规律与科学理念进行了独特的归纳。"三种功能、四大系统"，一方面是用人单位对员工的基本要求，另一方面是员工在做人做事中实现成长与成功的关键性需求。

A：能不能对"思想导向""工作方法"和"品行范式"三种功能在职场的体现进行一下解读？

B：如果能将这三种功能都实现了，那么这个人在职场上的表现就会很全面、很优秀。实际上，中国企业在很多年前就普遍开展了企业文化建设，如果打开各家企业文化建设的内容条目，在关于员工的工作要求方面，也大致是这三种功能要求。民族优良传统、文化自信，这些都存在于普通人的素养之中。企业文化也要靠员工的职业素养支撑，重视企业文化建设，其实首先要抓的应该是员工职场上的三种功能。

A：如果说三种功能是一个优秀职业人要达到的职业素养目标，那么"诚信""专业""积极""谨慎"这四大系统，就是达到这些目标的路径吗？

B：完全正确。此外，本书对职业素养的概念模型，采用了"行驶模型"与"车型模型"，你可以发现它具备充分的科学性、完备性和形象性。

A：平民教育家晏阳初认为，中国老百姓存在"愚、贫、弱、私"四大病症，提出用生计、文艺、卫生和公民"四大教育"来进行救助和改造。可见，能把大的问题归结出简单的概念，是对普通民众进行教育引导的重要方式。这里提出职业素养四大系统的概念，是否也有针对职场上的问题来进行改造的考虑？

B：的确是这样。如果分析一下职业素养不高者的综合表现，大致存在四大病症："无赖""无术""消极""轻率"，而通过"诚信""专业""积极""谨慎"这四大系统的修炼和证悟，基本上就能够实现优秀的"思想导向""工作方法"和"品行范式"了。

A：也就是说用"诚信""专业""积极""谨慎"作为四根支柱，支撑起"思想导向""工作方法"和"品行范式"这三大方面内容的职业素养大厦。

B：同时，这四大系统只用四个词就实现了高度凝练而又全面的概括，让职场人易记好用、简便易行。我们不难想象，一位有心提升职业素养的职场人，每当遇见事情时，可能不会马上清楚怎样去做才能符合职业素养的要求，可只要脑中简单对照一下"职业素养"四个词，大致就能体会到自己努力的方向是否正确了。

 练习 分析企业的要求属于职业素养的哪些内容

许多单位都通过企业文化建设对员工提出了职业素养的要求，员工要学会识别其中哪些内容可以归于职业素养中哪一方面。

1. 下面是一家企业在《员工手册》中提出的要求，请在表中标注出每句话属于"思想导向""工作方法"和"品行范式"中的哪一种功能（可以进行组合标注）。

序号	某企业《员工手册》中提出的要求	属于职业素养的哪一种功能
1	勤、能、志、实，厚德载物	
2	品格优良，能力超强	
3	态度积极，学习第一	
4	沟通在前，行动抢先	
5	修商道，证忠恕	
6	每事问，何精进	

2. 下面也是一家企业在《员工手册》中提出的要求，请在表中标注出每句话属于"诚信""专业""积极""谨慎"中的哪一系统（可以进行组合标注）。

序号	某企业《员工手册》中提出的要求	属于职业素养的哪一系统
1	精于专业，严格按流程和标准做事	
2	坚持不懈地身体力行5S管理	
3	现实现场现物地解决问题	
4	珍惜资源，杜绝一切浪费	
5	善于学习，不断自我反思	
6	持续改善，永不自我懈怠	
7	相互信任，主动合作	
8	善待协同体，自觉维护企业的声誉	

绪论 理论建构：概念与理念

3 路径：利用"知—修—行—证—知"规律，习得职业素养

成长与成功的决定因素总是你自己在人生的当下是不是努力，是不是具备职业素养。有了职业素养，就可以点石成金。

其实职业素养修炼的难度不在于理念有多高深，关键在于怎样将浅显、直接的职业素养要求转变为个人的行为。古往今来，教人成长的所有道理都要经过"知行合一"的过程，最大难点也在于知行合一。从孔子到王阳明都强调知行合一，现代教育家陶行知先生为了践行知行合一的理念曾两次改名，先改名"知行"，再改名"行知"。

传承先辈在知行合一教育中的心得，本教材以"知行合一不是一站到达的直通车"为认知，从人的思想导向、工作方法和品行范式三个方面，引导修习者由眼前、由生活、由基本的习惯、由理想和价值观开始——

从"知"：职场上应该具备的理念和要求；

→到"修"：每天尝试按照应该做到的方向改变一点点；

→再累积起来，变成"行"：每天都改变，多了就成为习惯；

→获得"证悟"：行多了之后，慢慢就能理解原先所知道的职业要

求所蕴含的深意；

→再提升：对新的知识有了学习和行动的兴趣……

以上"知—修—行—证—知"的过程，"知行合一，修证相应"，修习者的职业素养就在这种循环往复中，不断得到修炼，不断得到提升。

在积极心理学中，有个著名的现象称为"习得性无助"，说人在持续不断的障碍面前，长期遭受挫折而得不到改变，就可能产生无助感，觉得什么努力都没用，干脆就放弃努力了。

"知行合一，修证相应"的认知规律，则是通过积极的修与证，将知与行渐渐地拉到一起，合一起来。这就是一种新的"习得性修炼"了。

为了建设技能型社会，政府正在大力发展职业教育，还在大力培养"劳动精神""劳模精神""工匠精神"。这些精神概括起来就是热爱工作，奉献社会，"对自己的产品精雕细刻、精益求精的精神理念"，就是体现在产品（包括服务）细节上的极致与完美；但其动力的源泉却来自职业人内心的一种追求、一种修炼、一种高标准的自我要求。这正是本书所要阐述的主题——职业素养。

社会主义核心价值观的第一个词就是"富强"，这是全社会的重任，所有人都应对国家的发展与富强有所努力、有所贡献，作为年轻的一代更当义不容辞。一代人总有一代人的责任，眼下的年轻人应该树立一个目标——依靠职业素养经过10年努力，在技能型社会的强大人才队伍阵营中有自己的位置。这也是伟大的中国梦中年轻人心中的一抹不应该缺少的具有使命感的色彩。

对话　为什么需要进行"全生活修炼"？

A：听老师说我们要进行"全生活修炼"活动，什么是"全生活修炼"呀？

B："全生活修炼"其实就是课文中"知—修—行—证—知"规律的具体化。这种教育学习方式是对前辈教育家理念的传承。比如教育家梁漱溟先生说过"教育应当着眼一个人的全生活"，陶行知先生也提倡"教，学，做合一"。我们开展"全生活修炼"活动，就是将前辈们开创的教育之路走下去，让我们获得实际修习成果，同时也是对他们的一种致敬。

理论建构：概念与理念　绪论

A：那么，具体来说"全生活修炼"包含哪些内容呢？

B：全生活，指一个人的学习、工作与生活的总和。"全生活修炼"，就是将学习到的职业素养理念与修为要求，在工作和生活中进行应用与执行。

A：我们为什么要进行"全生活修炼"呢？

B：平常在学校的学习，同学们可能觉得老师在课堂上所讲的是一回事，到实际生活和工作中运用，又是另外一回事。特别是思政课、职业素养课所讲授的做人做事的基本原则，比如，不能撒谎、不能欺骗、不能偷窃，这些是从幼儿园就开始教育的基本理念，有人长大了居然还不能遵守。原因就是把课堂教育的知识与自己的实际生活割裂开来对待。

A：说的是！对于我们职校生来说，专业课上的要求更应该运用到工作中去。

B：是呀。有些人，明明专业课老师讲解了科学规范的操作规程，可到了工作现场就忘了按程序来，只图自己干活简单、方便，结果就可能导致事故的发生。根据国际上认可的"海因里希定律"的描述，凡是发生了有伤亡的安全事故，在此之前一般已经有300次违反了操作规程、发生了29次（只是未造成伤亡）的事故。可见，长期违背规矩、规律是要吃苦果的。

A：那么我们这本教材是怎样安排"全生活修炼"活动的呢？

B：首先，要求大家在平时工作和生活中，一定要把课堂学到的职业素养知识与理念加以执行和应用。

其次，本教材将在课文中附印一些二维码传送小活动，供大家练习和体悟"全生活修炼"。这个活动如果能坚持下来，会对大家进入职场之后适应岗位要求很有帮助。它可以让人修炼"阅读、动笔和动手""改进、改善和揣摩"等优秀职业人的看家本领。

教学视频1
全生活修炼

A：哦，好期待哟！

判断练习　根据印象判断身边人，对应思考每人走过了什么样的"知—修—行—证—知"路程？

1. 请同学们分工每人负责按照下面一组词描述的表现，对应找出自己生活中遇到过的人。对于你给予正面评价的人，可以讲出那是谁；对于你给予负面评价的人，不要说出他的名字，只要你自己心里清楚他/她是谁即可。比如，你想到了一位平常对人"友好的"人，可以介绍此人的身份；你也想到了一位时常待人"不友好的"人，就不要讲明对方的名字和其他详细的身份信息了。

2. 对于你想到的某一组两个不同的人，分别思考他们成长的过程中都是怎样进行"知—修—行—证—知"的，导致了他们各自不同的成长结果。比如，他们各自的家风影响、自我学习意识、成长环境、朋友交往、学校教育等，都可能带来不同的结果。

> 友好的　——————　不友好的
> 不高兴的　——————　高兴的

帮助人的	—— —— —— —— ——	不帮助人的
害羞的	—— —— —— —— ——	开朗的
焦虑的	—— —— —— —— ——	从容的
贫穷的	—— —— —— —— ——	富裕的
安静的	—— —— —— —— ——	喧闹的
相互合作的	—— —— —— —— ——	相互竞争的
积极的	—— —— —— —— ——	拖拉的
懒惰的	—— —— —— —— ——	努力的
穿着干练的	—— —— —— —— ——	穿着不合时宜的
讲究个人卫生的	—— —— —— —— ——	个人卫生差的
正面情绪的	—— —— —— —— ——	负面情绪的
有敌意的	—— —— —— —— ——	有爱心的
满意的	—— —— —— —— ——	不满意的
给人有吸引力感觉的	—— —— —— —— ——	让人不感兴趣的
有攻击性的	—— —— —— —— ——	没有攻击性的
忠诚的	—— —— —— —— ——	不忠诚的
自私的	—— —— —— —— ——	关心别人利益的
忐忑的	—— —— —— —— ——	心中有数的
对所学专业没信心的	—— —— —— —— ——	坚定做本专业的
随波逐流的	—— —— —— —— ——	有理想信念的
用心修炼的	—— —— —— —— ——	无心学习的

讨论练习

哪些事即便很辛苦，你也自愿花钱去做？

人高兴或不高兴去做某事，很大程度上取决于他认为这件事值不值得去做。比如，一个人工作时出了很多汗，他会认为这是给单位做出了很大贡献，理应获得报酬和奖励；可是当他去踢球或去健身房锻炼，出的汗多反而引起心里的成就感，不仅不会指望别人给他报酬，反而很高兴为此而付费。

到了工作岗位，学会用正确的价值观——本书所讲授的职业素养理念，引导自己的情绪，是工作中第一需要掌握的工具。

请和你的搭档一起讨论，哪些事可以让你即便很辛苦也愿意自愿花钱去做？

第一单元

诚 信

1　忠于职守，敬业感恩
2　诚实守信，不欺不骗
3　忠诚企业，锻炼自己

1 忠于职守，敬业感恩

A课：忠于职守，成就"天生"之人

很多年以前，刚刚初中毕业的金一南得到一个工作机会，来到北京郊区一家街道办的小型机械企业当学徒工。开始时，他干的是厂里最苦最脏最累的在高温炉前烧制玻璃瓶的活儿。他一心一意要将烧制玻璃瓶的绝活儿学到手，手被炉子高温烤得发白没有血色。

后来，领导发现这个少年特别踏实又很有悟性，就调他去当开机床的学徒工。有一次，他在安装工件时手被划破了，为了不耽误工件加工，他就一边进行加工操作，一边把手上流出来的血擦到工装裤子上。等到领导发现时，他的工装裤子已被鲜血浸透了一大片，这时他才被送到了医院。

他成了"优秀徒工"。自己都还没有到满师的时间，就带出来了两批徒工。

厂里上上下下都说："金一南是个天生的好工人！"

因为表现出色，他被厂里推荐去参军。在部队，他也被称为"天生就是个好战士"。

后来随着不断被认可，他的"天生就是个好……"后面不断改变着名称，从好技术员，到好图书资料员。

在我国军队的最高学府国防大学担任图书馆资料员时，他参加工作已16年。在图书馆一干又是10年。通过自己私下不断地学习，他已经拥有了研究中外军队的高端学术能力，只是这一切都还不露声色地潜藏在他身上，只等待着一个展现的时机。

这一年，有一位美军高级将领要来访问我们的国防大学，全校只有金一南准确地提供了有关这位将领的相关资料。

这在学校中引起轰动，大家没想到在图书馆里还隐藏着这么一位高人。多个教研室都提出让他加盟，这样他就进入了教师的行列。

很快他就崭露头角，又成了"天生的好教员"，连续多年被评为"国防大学杰出教授"，多次授课评比都获得了第一名。他还因学术上的独特见解，进入中南海给中共中央政治局讲过课。

后来，金一南成为正军职少将军衔的教授。

学徒工时的金一南

第一单元 诚信 01

他撰写的长篇著作《苦难辉煌》一书，从全新的角度解析了中国共产党能够获胜的深层因素，受到各界读者的欢迎，几十次加印，发行量超过200万册。一不小心，金一南教授还成了某一年度版税收入最高的作者。

回顾几十年的职业生涯，他说自己从来没有想到要跳槽，干一行爱一行，干一行钻一行，有时干到单位解散才走。所以，他的所有提职或单位转换都是领导赏识提拔或安排的。

由一名初中毕业生用差不多30年的时间，成长为一位知名学者。纵观金一南将军的职业生涯，他的职业素养才是迈向成功最可靠的阶梯。而所有支撑他成功的因素中，最突出、最有用的就是"忠于职守"。如同战场上接受命令要守住战壕一角的单兵，他永远都在不断填充和修整自己的战位，擦拭武器，补充弹药，监视前方，思索战场形势，判断下一次打击敌人更有效的方式。从未想过能不能换一个更好、更安全、更少与敌人面对的战位，直到上级发现他可以到更好的战位发挥作用，或者直到自己的战位被摧毁不得不转换战位。因此，他坚守过的战位才积累了硕硕战果。

金一南将军

忠于职守——从不提出来放弃上级确定给自己的职守——这可能就是金一南成功的第一位因素。谁能够如此，谁都会"天生地"在岗位上成功吧。

对话 职业人要具备"计十年利，求一世名"的意识

A：怎样看待职场人把追求合理的个人利益作为自己工作的努力方向？

B：普通人当然要追求合理的个人利益，政府不也是把人民群众追求的美好生活当成自己努力的方向吗？本书坚持一个价值导向：让职业人能够尽可能大、尽可能快地提升自己的职业价值。

21

通过工作,活出生命的精彩!

宋凝 绘

　A:怎样才能获得个人合理的最大利益,或者说最好的职业价值?

　B:提升职业价值最踏实有效的途径就是忠于职业,坚守岗位,只有在长期的坚守中才能累积道行(héng),才能长本事。

　A:古时圣人教育那些以天下为己任的人,说"计利当计天下利,求名应求万世名"。我们普通人能不能按照这一道理,对眼前的一点小事小利不要过于计较,从而赢得未来的长远利益?

　B:职场上最起码应该"计利当计十年利,求名应求一世名"。

　A:社会上的成功人士很多,有挣好多钱的,有担任领导的,有所在岗位是万人瞩目的,有获得了各种奖励的,有实现了普通人难以完成业绩的,等等,这些成功者的共同点在哪里?

　B:凡成功者,令本人自豪和外人美慕的,最终都会归结到荣誉。有些人虽说可能也赚了很多钱,也可能生活过得很舒服,他自己也觉得很了不起,但别人对他的评价并不高,对他的成功并不美慕。这样的人,应该不能算是成功的。

　A:是的,获得社会普通人赞赏的、有荣誉的成功,应该是每一位年轻人的追求。这种追求的起点在哪里呢?

　B:成功的起点其实就在我们自己的岗位上,正如有人所说"通过工作,活出生命的精彩"。

第一单元
诚 信
01

A：有人可能会问，我见到周围的很多成功者，并不都是在他的第一份工作中成功的。比如说，很多领导人他们都不是一直干原来的工作，赚大钱的人有好多也是转行了才成功的。

B：没错，许多人成功时已经与最初的职业和岗位相距很远了，但仔细研究后就会发现，多数人都是在最初的岗位上打下了后来成功的基础。不论是成为领导人的，还是创业成功的；也不管是进入特殊岗位的，还是创造新的纪录的。这些人一定都是自身具备了那份职业悟性，能够发现所服务岗位上的各种规律，然后再找出办法来将它做到最好。

对于绝大多数人来讲，只要立足于本岗位、本单位，用心琢磨，每天在知识上多探索一点点，在技能上往深度多尝试一点点，日积月累，就会成为本专业技能和知识的专家。

A：是否可以这样理解，专家就是专门在某一行业深钻长思的职业人。你如果在本单位、本行业成为能手，成为大家公认的专家，你本身就成功了；当机遇降临，你也有兴趣去接受一些跨单位、跨行业的挑战，有了之前在岗位上成为能手的成功经验，相信再成功也不是难事。

B：的确如此。每个人人生成功的第一步，是在自己的工作岗位上能成长与成功。

在本单位、本行业成为能手，成为大家公认的专家

宋凝 绘

 **是哪些因素带来了金一南的成功?**

从初中生变成中国一流大学的名教授,从一名工厂的学徒工成长为军队的将军。金一南教授的成功,依靠了哪些因素?请与老师指定的搭档讨论以下几个问题。

A. 他因为有了在国防大学这个一流大学工作的机会,才能够在最高的舞台上展示自己。是这样吗?

B. 他因为长期坚持自己的研究和探索,不是等着组织和单位来安排自己干什么,所以才能成功。是这样吗?

C. 他因为从业的时间足够长了,逐步地积累了知识,所以才能成功。是这样吗?

D. 因为他的家庭出身好,时代机遇好,个人人品好,所以才能成功。是这样吗?

E. 或者还有其他重要的原因?

教学视频2
养花养习-养花任务,
培养良好的职场行为习惯

第一单元 诚信 01

B课：敬业与感恩，让人慢慢培养出自己的价值

周国林在北京的这家公司已经工作十几年了，作为公司连续多年的销售冠军，他是越干越有劲。

1981年出生的周国林来自湖北穷苦的农村地区，作为家中的长子，他一心想着要帮助父母，还要想办法帮助三个弟弟。尽管当初以他的学习成绩，考个不错的大学并非难事，但想到早点就业可以早一些帮扶家里，他主动选择了到本省一家农业中专就读。毕业后，他应聘到湖北当地一家农业公司上班。

周国林在湖北就职的这家公司是专门做农业种子生意的，公司领导对包括周国林在内的几位刚分来的毕业生给予了很大的信任。企业不仅将他们安排在重要的岗位，还送他们去参加专业培训。周国林十分珍惜每一次学习机会，在很短的时间里就掌握了基本的业务技能，赢得了公司领导的青睐。

不久后，公司将一个国外引进的蔬菜种植项目交给周国林负责。从接到种子到下田试验，再到大面积铺开种植，周国林在每个环节上都认真细致，付出了极大的心血和热情。眼看收获上市在即，一场突如其来的蔬菜病虫害爆发，公司花大力气引进的蔬菜项目损失惨重，所剩无几的蔬菜在市场上又销售不出去。

原以为在这家公司可以大有作为，不料这场突如其来的变故一下子"吓坏"了几位刚毕业不久的年轻人，有人觉得继续待在这个公司已经毫无前途，很快就跳槽了。但周国林没有走，他一边想办法帮助公司减少损失，一边琢磨其中的门道，最终找出一套避免再犯同样错误的办法。就这样，他在那家农业公司从一个懵懵懂懂的新手成长为一个业务熟练的好员工。

2008年春天，由于妻子工作变动，周国林追随着爱人，也将自己梦想的"驿站"迁移到了首都北京。北京可以选择的工作岗位不少，虽然期间确实有几家收入和条件都不错的公司有意录用他，最终，周国林还是选择了一家农业科技种业公司，干起了他的"老本行"。他始终觉得，干上一个行业就该一门心思踏踏实实干下去。

周国林 宋玉东 摄

刚到北京这家公司的时候，周国林和所有的"北漂族"一样，有着诸多的不适应。特别是"电话销售"这种工作方式，以前压根儿没有接触过，又没有老师指导，周国林开始时确实不知从何下手，压力和尴尬每天都伴随着他。但从小就不轻易放弃和认输的周国林告诉自己，只要硬着头皮就能挺过去！

功夫不负有心人。周国林从最初举着电话结结巴巴张不开嘴，到现在跟客户交流自如，谈吐自若；从只有零零星星的种业知识到现在经常到农村一线做农业技术指导；从一个农家子弟成长为公司的副总经理。

这十几年间，他始终留在刚到北京时加入的那家企业，始终坚守在自己熟悉的农业岗位。这期间，有的客户看到了他的职业素养很高，几番动员他跳槽，都被他谢绝了。

他的执着和努力换来的不仅是业绩的提升、薪资的增加、职位的晋升、投资人所赠予的分红权，还有客户的喜爱和认可。特别是看到偏远地区农民写来的感谢信时，他觉得自己所做的一切都是有价值的，也得到了别人的感恩。

他有时想，如果这些年不是秉持敬业感恩的心态坚守在老行业与原单位，而是看到哪个行业热就心动，听到有人劝跳槽就忙着走，一定会让老板对自己没信心，可能就得不到这么多突破自己的机会，自己在专业上的积累也可能会在东挪西转中搞得分文不值。

周国林越来越觉得，一个人要想在职业生涯中获得成长与成功，一定少不了敬业与感恩。

对话　敬业与感恩最该重视哪些方面的事情？

A：敬业感恩能够让人在职业生涯中获得成长与成功，具体来讲应该从哪些方面去关注、去做呢？

B：敬业感恩是个很大的课题，包含的范围很大，对于年轻人来说可以先从两个方面加以注意。一是热爱自己的岗位与事业，二是感恩老师、单位与领导，包括原单位、老领导。

A：能解释一下吗，为啥要从这两方面开始？

B：热爱岗位和事业，是在大的环境上确定了我们应该重视和努力的范围；感恩老师、单位和领导，是从职场上那些对我们影响最大、最直接的人身上，培养感恩意识。

第一单元 诚信 01

A：这么一说，让人明白了这两方面事情之间的相互关系。那么，能对每一方面进一步解释一下吗？

B：好，先说热爱事业方面，这一点，在A课"对话"中已讲了很多。今天课文讲的周国林的例子也是这样，他懂得轻易不要更换行业，这就是热爱事业。同时，他坚守在一家企业不轻易跳槽，十几年间就成了公司的副总经理。

A：请说一说对老师和老领导的感恩。

B：对老师和老领导的感恩意识非常重要，他们都是在某一个阶段对我们有过启发和帮助的人，对他们感恩就是我们具有不忘前恩素养的最好体现。也许他们还对我们有过批评，甚至还有不痛快的过节，也要想到这本身也能促进我们的成长，所以我们应该不念旧恶。

A：可要是这家企业很糟糕，我们还应该爱它吗？

B：先让我们分析一下，所谓糟糕的企业无非是三种可能。

第一种，可能是企业并不糟糕，但你认为它糟糕。多数情况下企业都是如此，每家企业都会存在需要通过进一步工作来解决的问题，对此当然只能通过要求员工继续爱企业，时间长了就能看清了。

第二种，可能是企业的领导人还可以，但资源不足，你要从爱它开始，假以时日也会好起来。

第三种，可能是领导者很差，不论资源充足还是不充足，企业搞好的可能性都不大。你进了这种企业，首要选择的还应是忠诚于企业，如果企业的管理者对忠诚于企业的你都容不下下了，那就"挥一挥衣袖，不带走一片云彩"，优雅地告别吧！

A：对工作过的原单位、学习过的母校也应该抱有感恩之心，对吧？

B：原单位还有母校，都曾经给我们提供过成长的平台，我们曾在那里度过人生的时光，感恩它们可以让我们养成在人生旅程中感恩一切遇见的意识，让人的胸怀宽广起来，接纳更多的机遇与资源。

讨论

职场上有一个非常著名的"马斯洛需求层次理论",它从企业和社会的角度关注怎样调动一位从业者的工作积极性。这个理论认为人的需求分5个层次,由最低层次的"生理需求"开始,向次高级的"安全的需求",第三级的"社交的需求",第四级的"受尊重的需求",直到最高级的"自我实现的需求"渐次向高级发展。这个理论主张对于处于不同层次的职场人,重点满足他在当前层次的需求。

但是,对于职业人来讲是不应该按照这样的层次来逐级考虑自己的素养建设,而是应该在刚入职场时就按照最高级的"自我实现的需求"来要求自己,这可以让自己从一开始就有意识地进行职业素养建设。

那么,下面的观点中你同意哪些呢?请在每一题后面选择"同意"或"不同意",再与搭档讨论各自选择答案的理由。

马斯洛需求层次理论图

教学视频3
养花养习-搜索植物信息资料,
养成事前准备的习惯

第一单元 诚信

1. 随着中国劳动力成本的上升，刚参加工作的年轻人用工资收入来保障一般性的食品、住宿、零花钱等基本的"生理需求"，已经不是问题；"安全的需求"对于这些有知识有技能的人群来说，平常留意一些防止被骗的知识就可以了。所以，总体上马斯洛需求层次中的低层次部分应该是满足的。

同意（ ） 不同意（ ）

2. 对马斯洛需求层次中的"社交""尊重""自我实现"这三个不断提高的需求，关键还是取决于从业者的意识够不够，他应该把自己的素养提高到能够获取这些东西的层次上。

同意（ ） 不同意（ ）

3. 成功者必然是自己种下了成功的种子，所以只有那些自己不懈追求成功的人，才能最后获得成功。成功不能指望别人。

同意（ ） 不同意（ ）

4. 马斯洛需求理论中的"自我实现"翻译成大众语言就是通常所讲的成功，也就是"家和万事兴"，人一辈子能做到家庭幸福、工作有所成就，就是最好的"自我实现"了。

同意（ ） 不同意（ ）

5. "爱与归属感""受尊重""自我实现"这三者加在一起，就是我们通常所讲的荣誉，可以说荣誉是最高的成功。所以，我们在职场上要处处珍惜自己的名声和荣誉。

同意（ ） 不同意（ ）

6. "坚守""忠于职守"是增加自身功力最简便的方式，是赢得领导和同事信赖与支持的首选途径，是体现职场人诚信的最基本方式，是实现职业成功和获得荣誉的第一块重要基石。

同意（ ） 不同意（ ）

2 诚实守信，不欺不骗

A课：言实守信，让讲实话、不说谎的做人准则贯穿一生

讲实话、不说谎，是被大家公认的基本品德。但是真遇到说实话可能不太好办的具体事情时，我们会不会又觉得吹个"小牛"，撒个小谎问题不大？会不会觉得自己这次可以例外一次？其实，小事的背后却是很大的做人做事的道理。

有这样一个故事。

有一家私营公司的董事长，当他还是个农民时，家徒四壁。一个农民没有钱，当然更没有办企业的经验，但他决定办厂时，邻里和朋友都愿意帮助他，借给他十几万元资金，结果他成功了。

没有钱也没有创业的经验，可那些非常了解他的人为什么还愿意借钱给他呢？事情正是来自大家对他的了解，这些人都记得他做过的一件小事。原来早年间，他和一位伙伴打赌，约定谁要是输了就去把村中晒谷场上一大堆烂石头给运走。结果他输了，并且二话没说就去晒谷场上搬运那堆石头。和他打赌的人对他说：这只是个玩笑，不要当真。但他却说：既然打了赌，就要说话算数。一大堆石头，断断续续地运了两个月，他又在运走石头之后的空地上种了几棵桃树，后来这几棵桃树每年都结满了果实。人们在吃桃子的时候，总会赞美他是一位言实守信的人。所以当他提出来借钱时，大家都觉得把钱借给这样的人有什么不放心呢？正是在看起来不怎么重要的事情上坚持说话算数，赢得了大家对他的信赖。

当然，讲实话和不说谎是两个层次上的要求。在工作场所，既要和同事保持融洽的关系，又要坚持讲实话，即便遇到不合适讲实话的难题，可以少说或不说，至少要坚持不能说谎。

当一个人决定一辈子坚持讲实话、不说谎，当别人认识到你是一个讲实话的人，你就会赢得别人的信任。尽管要想取得最佳交流效果，在讲实话的同时还需要有交流的技巧，但是讲话技巧与说谎是完全不同的两回事。在现代商业环境下，人们往往通过合同协议来规范彼此的权利和义务。即便如此，也有人利用合同诈骗或者撕毁协议。于是，中国人通常都会采取一个办法，即"听其言，观其行"，用较长的时间来看某一个人是否讲了实话，然后才给予信任。

学习了今天的课程，我们应该证悟到：人与人之间，最难得的是信任，信任比黄金还宝贵。人与人之间的合作，必须有信任作为基础才能长久。

从2016年起，北京修证公益基金会与众多职业院校合作开设职业素养公益教学点，在这些教学点受过职业素养启蒙的同学们走上职场之后，更受用人单位的欢迎，其中一个原因就是他们给人一种诚实、值得信任的印象。根据对这些毕业生所进行的调查，他们往往在五个方面表现突出：一是适应岗位工作要求的程度高；二是与同事的合作更融洽；三是与单位产生摩擦式离职的比例低，就业稳定性高；四是提职担任一线班组长等管理职位的比例高；五是收入提升比同期入职的同伴更快一些。

一旦你给人留下了讲实话、不说谎的印象，那你与对方的合作就会顺畅得多、宽广得多。我们应该让讲实话、不说谎的做人准则贯穿一生，那样会一直让自己与人合作顺畅而轻松。

对话 怎样才能让讲实话、不说谎的做人准则贯穿一生？

A：坚持讲实话、不说谎确实能给人带来好口碑，这是做人做事很重要的软资源。怎样才能做到将这些做人原则和准则贯穿一生呢？

A：从身边的人和自己的经历来进行比较，的确容易让人有真切的感受。那接下来我们应该怎么做呢？

B：首先，我们可以从对比中看到讲实话、不说谎给人实际带来的不同结果。一是想一想自己身边是否有人喜欢讲大话，甚至说谎话；是否有人坚持实话实说。对比一下，这两类人的口碑是怎样的？

二是看一看自己。不妨坐下来回想一下自己是否讲过大话甚至说过谎话。回忆一下当时自己讲完之后，听者有无特别的反应，事情的结果是否令人尴尬？现在想起来，自己心里是否有愧疚感？

B：我们要坚持让讲实话、不说谎的做人准则贯穿一生的理念，就要对自己严格要求，从小事开始把握自己的言行，修炼讲实话、不说谎的职业素养。有了对自己的要求标准，就等于立下了志向，遇到具体事情时就容易把持住。

A：立志向之后就是具体言行方面的修炼吧？

B：是的，有了让讲实话、不说谎的做人准则贯穿一生的意识，也找到了自己的修炼方法，关键是要在以后形成坚守的习惯，应该要求自己从今天开始，做到：

第一，尽量不说大话，坚决不说谎话；
第二，如无把握，宁愿少说话或不说话。

A：你说的这两条很重要，我要抄写下来。

B：抄写是加强记忆的好方法。一般通过抄写，会让人对所关注的内容记忆更深刻。

讨论　善意的谎言算不算说谎？

要想取得最佳交流效果，在讲实话的同时还需要有讲话和交流的技巧，但是技巧与说谎是完全不同的两回事。比如，经常有人问："善意的谎言算不算说谎？"以下就要对谎言与善意的谎言进行分析。

谎言与善意的谎言
- 谎言的特点
  - 善意的：　　　　　是这样的（　）；不是这样的（　）
  - 谋取不当利益的：　是这样的（　）；不是这样的（　）
  - 遮盖本人错误的：　是这样的（　）；不是这样的（　）
  - 不考虑对方利益的：是这样的（　）；不是这样的（　）
- 善意的谎言的特点
  - 恶意的：　　　　　是这样的（　）；不是这样的（　）
  - 谋取合适利益的：　是这样的（　）；不是这样的（　）
  - 遮盖别人错误的：　是这样的（　）；不是这样的（　）
  - 谋取对方利益的：　是这样的（　）；不是这样的（　）

第一单元 诚信 01

由上进行的分析判断，我们能否得出一个结论：善意的谎言是为了对方的好，不是谎言，而是属于说话和办事的智慧和技巧？

请和同学们交流各自的结论，并申述各自的理由进行讨论。

讨论 小金姑娘靠什么获得持续升职？

多年前，湖北姑娘小金跟着姐姐一起到北京打工。她不善言谈，一说话就脸红，只是中专毕业的学历，又没有工作经验，很难找到像样的工作岗位。几经周折，一位亲戚介绍她到了一家汽车公司，公司领导也就把她放到办公室打杂跑腿的岗位上。

过了一两年，大家都反映这孩子干事踏实，让干什么就干什么，虽说因为不太会说话，坚持按公司的原则办事也还得罪过一些人，但是，小金从不偷奸耍滑的风格让领导觉得很难得。

后来，当公司修理厂的收银员岗位空缺时，领导就派她去了。当收银员的几年中，她依然被同事们看作诚实的楷模，收银员时而会出现的账收不符的现象，在她这里从未出现过。

于是她又被推荐到公司财务部当上了出纳员，每天几十万元的资金在手上进进出出，她依然被视为"可以免检的人"。

上班的同时，她业余时间还去读财会专业深造。十几年过去，这家汽车公司已成了小型的集团企业，而当年的小金姑娘不仅在北京有了自己幸福的家庭，还成了这家企业的财务总监。

请和你的搭档讨论，这位小金姑娘的持续升职主要靠的是什么？

教学视频4
养花养习-训练自我认知，
养成自我觉察的习惯

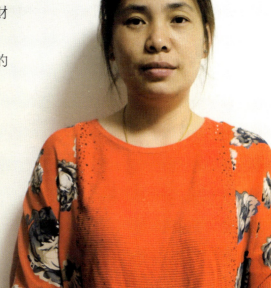

小金姑娘

B课：不欺不骗，消除不健康的"药水残留"

不说谎、不欺骗、不偷窃，当我们还是小孩子时，这三项就一直是家长和老师对我们最基本的要求。但要做好这三项可不那么容易，因为要一辈子这样去做，心中没有情怀，身上没有正气，一天一事可能行，时间长了，遇到的事多了就顶不住了。

如果你顶不住眼前的诱惑，通过说谎、欺骗、偷窃获得了暂时的利益，并且这次占了便宜，下回认定这样做就是对的，时间长了就形成了习惯。只要被别人看出来你的这些品质，你就一定因此而失去了更长远更大的利益。

现在有些人总是很焦躁，无非是眼前无法不劳而获更大的财富和利益。干什么都急功近利。出门都是带着"扑克脸"，不愿给别人一点微笑，开车不礼让行人，排队要加塞，讲话随意爆粗口，觉得这样占便宜才能让心里好受一点。

焦躁的心态下，诚实难以做到，守信被忽略不计。入职时，信誓旦旦的敬业爱岗、任劳任怨之类的承诺，等到工作中遇到考核、月末时下发工资时，往往就没有了好好说话的温情，换上了苦瓜似的蛮横僵硬的表情。有时甚至为了新单位多发一点点工资就跳槽走人。

为了一句话就起争执，斗殴打架送了性命的事例也常常见诸报端。为一句话的利益相争到底，结果双方都彻底没有了长远利益。

为什么会这样？专家们说这是一个系统性的病症，许多方面都有调整改造的责任。如果真要追究，首先要解决的是我们家庭教育的问题。

家庭教育是人生的第一教育场所，其重要性也是第一位的。在过去，老人们对年轻人只要说一句"这孩子缺家教！"就是最严厉的指责了。

中国家庭也是教育孩子要诚实的，所有家长都会要求孩子们做到不说谎、不欺骗和不偷窃，但这个

家庭教育是人生的第一教育场所

宋凝 绘

第一单元
诚 信
01

要求是设定了使用范围的，只要求孩子对家长必须做到这三点，如果做不到可能就要受到家长的惩罚。

而当孩子面向社会时，有些家长教给孩子最重要的三句话就会变成这样：

第一句是"别受骗了"。这当然无可厚非，防止被骗是安全教育的一部分。

第二句就会是"别吃亏啊"。这就有些问题了，那就是要孩子盯着眼前利益。

第三句很可能是"别太相信领导和同事"。这是教孩子对领导和同事也要保持警惕，因为领导和同事可能总是欺负老实人，可能经常收受礼品，搞歪门邪道，所以不要太依靠努力工作获得成就，可以通过请客送礼去赚取利益。

还有家长从小时候起就教育孩子，"谁欺负你，就给我往死里打他"，而不是教给孩子宽容和退让的美德，当然也就无法让孩子靠拥有"美德"这个招牌去换取人生长远的利益。

不能说家长让孩子注意的问题都不存在，社会是复杂的，家长提示和教育的出发点，多数还是出于给孩子们的思想理念擦些"药水"，顺应歪风邪气，首先做到不吃亏，进而还能占便宜。

问题是在家里一直擦着这些有毒的"心理药水"，又没有关于诚实守信的真正有效的教育方法与之调配及平衡，时间长了就在理念上形成了浓厚的不健康"药水残留"，这些年轻人在理念上就与不说谎、不欺骗、不偷窃隔膜开来。

对话 诚实守信带给人走长路的力量

A：有些家长在家里要求孩子诚信，面向社会时又要求孩子以"利益导向"，必要时甚至可以不择手段。这种教育是不是最终也会损害到家庭？

B：毫无疑问会导致这一结果。每个家庭对另外的家庭都是属于"外面的"，别人家"利益导向"教育出来的孩子，很可能就会伤害到每个与这些孩子有利益关系的家庭。婚姻组成的家庭、工作关系中的同事，甚至大街上迎面而过的路人，都会与这些利益导向家教出来的孩子产生冲突。

A：自己家的孩子，还会对自己家不利吗？

B：非正确家教环境中出来的孩子，照样会对自己家不利。现在常见的啃老族、不孝子现象，甚至打骂父母等家庭问题，有许多就是父母当年家教酿成的苦果。尽管当年的父母不会希望孩子长大后如此，但是孩子们在接受了太多对别人可以不择手段的"利益导向"教育后，这种理念已成为他们行为的基本特征，即便是面对自己的父母，也不容易改变。

A：那么在这种社会环境下，提倡诚实和守信有用吗？诚实守信遇到不择手段的"利益导向者"，会不会落个完败的下场？

B：不会的，诚实守信一定会获得完胜！

A：为什么？

B：首先，社会的主流是崇尚诚实守信的，所谓"从善如流"。诚实守信是"善"的基本内容，大江大河要流向的地方，谁有力量能够阻挡！要相信诚实守信最终一定有战胜歪风邪气的力量。许多人就是不相信这一点，比如那些贪污受贿者就不相信，可现在多少人成了阶下囚？

A：还有呢？

B：如果你长期坚持诚实和守信，自然就会近君子、远小人。那些君子会给你带来适合诚实守信者发展的市场，那些小人也知道你和他们不是一路人，躲你远远的，自然就减少了对你的危害。

A：诚实守信的力量一定会大过不择手段的"利益导向"吗？

B：这一点大可放心。诚实守信是最轻松的社会行为方式，不需要刻意遮盖、糊弄去增加自己的行为和心理成本，它也许并不能阻止你在职场上犯错，也不能避免被人误会和被小人攻击，却可以让你永远坦然，永远不怕被人戳穿。这等于在社会正义一方享有"免检"的通行证，它会随着你走的路越长、时间越久，越有力量。

第一单元
诚 信

 **讨论** 你对诚信行为是怎样认识的?

日常生活中,你体会到一般人违背诚实守信的言语和行为了吗?请和你的搭档一起讨论,举出言语和行为违背诚实守信的例子各5个。

言语方面的例子。

1. ___
2. ___
3. ___
4. ___
5. ___

行为方面的例子。

1. ___
2. ___
3. ___
4. ___
5. ___

教学视频5
养花养习－建立养花日志,
养成记录习惯

37

3 忠诚企业，锻炼自己

A课：忠诚企业，才能更好地爱自己的家

我们中国人有一句古语：儿不嫌母丑，狗不嫌家贫。

此话讲出了中国一代一代的孩儿对母亲和家人的赤子之心，无论什么样的境遇，他们的血液中总是涌动着爱家的情怀。

今天，经过几十年的独生子女时代，绝大多数的年轻人也耻于被人称为"啃老族"，即便处境像一只瘦狗一般疲惫和无助，只要一想到可以让家人生活得更加幸福，他们也会两眼放光，鼓起勇气去面对困境。

但是，许多刚走上职场的年轻人心态上有个大缺陷：不是很坚定地要求自己忠诚就职的企业。他们往往是带着"先就业，再择业"（所谓的"骑驴找马"）的观点进入企业，以一种随便碰碰运气的心态在企业里工作。

这样的心态，让自己难以与企业建立亲密的感情，比如，许多人都在抱怨企业对自己不好。其实多数人都是没经过仔细思考就对企业产生抱怨。他们没有想过，忠诚企业才是自己幸福生活起步的基础，甚至才是自己更好地爱家人的开始。

不会吧？忠诚企业和爱自己的家庭会是一回事吗？

很多年轻人对各种影视、歌舞、体育、模特明星青睐有加，很少有人思考过这些明星是怎样走到大

第一单元 诚信

众面前的？同样是人，为什么明星们身上会有那么多的光环？

明星当然是有一定的才能、相貌，但更重要的是他们靠背后的电影公司、电视频道、剧团舞台、经纪团队、体育俱乐部、模特公司，没有这些企业的投入与经营，再有能耐的艺人也可能只得在路边卖唱，好的功夫也许只能在街头杂耍中卖弄几招。

同样道理，员工进入企业就获得了在企业提升自己、展现自己的平台。你只要真心爱这个企业，为这个企业不断做出贡献，企业就会因为你的贡献而成长，这也就意味着提升你、展现你的平台在变大，由此你在职场上的能量就不断增强，企业给予你的回报就更多。

也就是说，你爱企业会让企业和你都走入促进彼此成长和发展的良性循环。只有你自己发展了，你给家人带去的东西（有时不仅仅是工资待遇）才会越来越多！

相反，如果你不爱企业，企业就不会因为你的爱而成长（即便企业成长了，它也不会爱你，不会给你更多的利益，因为爱是相互的），你就越来越不爱企业，企业给予你的利益可能不会增长甚至越来越少，当然你想让家人生活得越来越好的愿望就可能落空。

人生在世，靠职业供养生活。普通人的一生，也只有通过工作才能实现人生的精彩。如果不爱给我们提供工作岗位的企业，我们当然无法多挣钱，无法实现人生精彩，更无法实现更好地爱家人的柔软情怀。

年轻人，让我们敞开胸怀热爱、忠诚自己的企业吧！

对话 怎样才算爱企业——细微之处见忠诚

A：爱企业、忠诚企业，有什么简单的标准吗？

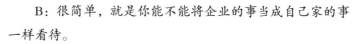

B：很简单，就是你能不能将企业的事当成自己家的事一样看待。

当公司的地上有一个烟头，你是不是当成自己家客厅里的烟头一样顺手捡起来；当你碰到有客人来公司，你是否像家里来了客人一样去主动打招呼，特别是客人有问题要解决时，你是否主动上前协助；当企业的某一方面出现问题时，你是否积极想办法，看能否帮着解决。

A：看起来，也不是什么大事嘛！

B：是的，平常都是些小事，似乎都是像"一举手""一投足"那样简单，但如果没有忠诚企业、爱企业的意识，你很难时时处处都做到。

宋凝 绘

A：有比这难的吗？

B：最难的是企业要求员工做到的那些规章制度，你能不能做到在有人监督和没人监督的情况下都能不折不扣地做好、做彻底。

A：听说这就是古代圣人讲的"慎独"，即便自己独处的时候也能谨慎地约束自己。还有比这更难的吗？

B：比"慎独"还难的事，应该说没有了。但与这个差不多同样难度的，就是你怎样控制内心可能生长出来的"不平"感——觉得自己为企业做出了比别人更大的贡献，或者办事能力比那些担当重任的人大不少，可就是不受企业和领导的重视。

A：是啊，碰到这种情况该咋办？

B：也很简单，继续爱企业、忠诚企业，不生气、不着急。

A：为什么？

B：因为只有两种情况：一种是你自己想错了，把自己看高了；另一种就是别人还没有看到你的贡献和能耐。这两种情况，都只能依靠你继续去修炼自己，提高自己，才能解决。

刚参加工作五年，我该跳槽吗？

下面两组说法，是新员工跳槽经常会想到的理由，请先在每条理由后面的括号里选择你认为"鼓励跳槽"或是"不鼓励跳槽"，然后听**音频**中所给出的答案，体会一下自己在职场该怎样把握"换"还是"不换"工作。

第一单元 诚信

第一组

1. 现单位各种情况都不好，经常被同行挤兑，总是感觉自己在这里没前途。

　　鼓励跳槽（ ）不鼓励跳槽（ ）

2. 现单位业绩很好，大家干劲很足，但是待遇不高。

　　鼓励跳槽（ ）不鼓励跳槽（ ）

3. 现单位业绩不好，而且——

A．领导也没有多大的干劲，单位已经走了不少人。

　　鼓励跳槽（ ）不鼓励跳槽（ ）

B．领导的干劲还很足，并且对员工很关心。

　　鼓励跳槽（ ）不鼓励跳槽（ ）

C．领导虽然很能干，但是心术不正，口碑差。

　　鼓励跳槽（ ）不鼓励跳槽（ ）

4. 现单位各方面说不上好，也说不上坏，每天就这么上下班，自己觉得没劲。

　　鼓励跳槽（ ）不鼓励跳槽（ ）

5. 现单位的上级领导很赏识自己，希望将你派到一个和现单位同属于一个集团的另一个单位，但现单位领导不想让自己走，要去的单位也问题不少。

　　鼓励跳槽（ ）不鼓励跳槽（ ）

6. 现单位在同行中业绩非常棒，自己在这里算是一个可以独当一面的人员，但短时间内好像没有什么升职的希望，而其他同行一直想挖自己过去，答应既给升职又增加待遇。

　　鼓励跳槽（ ）不鼓励跳槽（ ）

7. 现单位主管自己的领导已经将自己看成眼中钉——

A．虽然没有别的单位来挖自己，自己还是决定要离开。

　　鼓励跳槽（ ）不鼓励跳槽（ ）

B．有同行的单位来挖自己，并且人家态度诚恳，给予各种优厚条件。

　　鼓励跳槽（ ）不鼓励跳槽（ ）

C．自己决定独立去创办一家企业。

　　鼓励跳槽（ ）不鼓励跳槽（ ）

8. 现单位的主流风气不正，很多人利用单位资源私下里搞钱，还有不正当男女关系，小团体意识蔓延，自己看不下去。

　　鼓励跳槽（ ）不鼓励跳槽（ ）

9. 自己在现单位已经学到了很多，自己家里拥有资源让自己去投资与本单位属于同行的企业，或者自己家有企业，让自己回去接班。

　　鼓励跳槽（ ）不鼓励跳槽（ ）

10. 为了方便照应老人，或者为了爱情要到心爱的人身边。

　　鼓励跳槽（ ）不鼓励跳槽（ ）

第二组

1. 自己在现单位总是无精打采，领导给换了岗位也没有起色。
　　　　鼓励跳槽（ ）不鼓励跳槽（ ）
2. 现单位的各项规章制度太严了，自己总是被处罚。
　　　　鼓励跳槽（ ）不鼓励跳槽（ ）
3. 先前从现单位离职的同事拉自己到他们单位去，感觉到那里去比现单位干活少了，待遇还能提高一些。
　　　　鼓励跳槽（ ）不鼓励跳槽（ ）
4. 现单位领导说让自己升职，去管一个特别让人头疼的部门，感觉不是什么好事，还不如躲开算了。
　　　　鼓励跳槽（ ）不鼓励跳槽（ ）
5. 领导让自己去办的事情没办好，受到批评责难了，心里很委屈，所以想走人。
　　　　鼓励跳槽（ ）不鼓励跳槽（ ）
6. 自己和现单位的各个领导都没有特殊关系，感觉以后在这里可能没有大的前途。
　　　　鼓励跳槽（ ）不鼓励跳槽（ ）
7. 现单位所在的行业好像正在走下坡路，听说现在好几个行业都很好，是未来的潮流，想趁早跳到这些行业去。
　　　　鼓励跳槽（ ）不鼓励跳槽（ ）
8. 凡是从现单位出去的同事不论做什么，都比现单位的待遇好，自己出去了总不会比他们差吧！
　　　　鼓励跳槽（ ）不鼓励跳槽（ ）
9. 在现单位真是太辛苦了，经营的产品不如别的同行，单位知名度也比别人差很多，如果能挤到这些大单位、大品牌中，当然求之不得。
　　　　鼓励跳槽（ ）不鼓励跳槽（ ）
10. 想进行"旅游式就业"，哪里风景好就去那里打工，看完了这里再去另一处风景好的地方；或者"观察式就业""试错式就业"，在哪一行干好了就留下来，感觉不舒服就再跳一家或一行，无所谓。
　　　　鼓励跳槽（ ）不鼓励跳槽（ ）

答案总结：

1. 总共24种跳槽的情形，只对＿＿＿＿＿＿＿种情形给出鼓励跳槽的答案，说明绝大多数情况下，工作5年之内的你是＿＿＿＿＿＿＿考虑跳槽的。
2. 两组情形中，第一组主要是关注工作单位和社会环境方面的，在这里"鼓励跳槽"和"不鼓励跳槽"大约＿＿＿＿＿＿＿；第二组主要是关注员工面对自身心态上的难题，在这里基本都给出了＿＿＿＿＿＿＿的答案。这两组答案依据的出发点，最主要的就是员工怎样才能获得

第一单元 诚信 01

更大的长远利益,尽管可能这个答案暂时会让员工感到不舒服,但长久一定会受益。

3. 这24种情形和给出的答案,不能包含全部的关于跳槽需要考虑的理由,但对于刚进入职场5年的年轻人,提供了一种_____,大家以后碰到类似问题,可以参考这些进行自我判断。

4. 总的原则是,第一,_____跳槽:《劳动合同法》保护你只要提前一个月提出申请就可以离职的权利,如同《婚姻法》保护每个人离婚的权利但大家不可能因为这一权利而离婚一样,跳槽绝大多数情况下是_____的行为;第二,即便跳槽了_____离开原行业。如同爬梯子登高,沿着一个梯子往上爬,总比不断在差不多的高度_____也会赢。

5. 记住,通常情况下,不鼓励跳槽的理由总是鼓励跳槽理由的_____。

讨论 为什么说"忠诚企业"的结果却是"提升自己"?

谈到忠诚企业,往往是一个让人担心的问题,觉得那样是"一切以企业利益为核心",可能会让普通员工失去考虑和捍卫自身利益的余地。其实本书在整个"诚信"这一单元传导的理念都是将职业人的利益放在第一位来进行论述。其核心论点是证明"诚与信"是为职业人获得自身利益的首要基础。

在"忠诚企业,锻炼自己"这一章,侧重点也是为了阐明职业人通过忠诚企业,而获得自身的锻炼、提升与发展。可以说,大多数情况下,不是企业绑架了职业人,恰恰是职业人通过忠于企业绑住了企业,从而为自己的职业提供阶梯。

请与搭档一起对下面的线索进行讨论。

- 忠诚企业,可以让自己除去浮躁之气,静下心来专注于工作。
- 忠诚企业,可以让自己经常反思自身不足,长期下来就会让人减少缺点。
- 忠诚企业,就会关心企业的整体利益,可以让人对企业有全面的了解,长期下来可以培养出全面看问题的视野。
- 忠诚企业,自己对企业会有更多贡献,从而获得同事和领导的好评。
- 忠诚企业,可能会与歪风邪气不相容,这能让人思考如何敢于和善于用正气压倒歪风,长期下去会锻炼人的领导能力。

教学视频6
养花养习-了解种子萌芽与子叶生长,
培养搜索、观察与记录习惯

43

B课：难道再糟糕的企业，我们都要爱它吗？

在2015年"五一"期间，中国最具影响力的官方媒体中央电视台推出一组《大国工匠》报道，讲述了8位在各自领域拥有高超技能的技师的事迹，一时间在全国引起广泛关注，人们纷纷赞叹这几位工匠是"中国的8双手"。

这组报道的节目制片人崔霞女士说，这8位高级技师除了一直琢磨技能这一基本特点之外，还有一个共同点就是基本上都是（一辈子）在一家企业工作。

这些大工匠、大专家爱企业。

所有的职场人都应该爱企业，因为我们爱企业，通常企业就会给我们更好的回报。我们努力给企业做出贡献，让企业发展好了，"大河有水小河满"，这当然对企业和员工都是好事情。

可如果这家企业本身问题很多，怎么办？比如说，它的工作条件极差、管理水平很低、客户资源极少、资金捉襟见肘、技术水平不足挂齿、给的薪水很可怜、企业风气很乱、同事们都在借机捞取私利……

唉，听起来没有比这更糟糕的企业了，进了这家企业没有任何能让人自豪的地方。即便如此，你都应该爱它！

为什么？难道要我认命吗！这会不会是将我绑架在这家企业？

先让我们分析一下，所谓糟糕的企业无非是三种可能。

第一种，可能是企业并不糟糕，但你认为它糟糕。

第一单元 诚 信

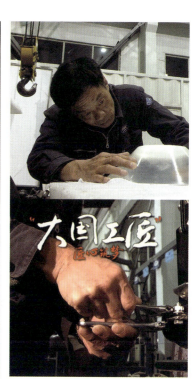

第二种，可能是企业的领导人还可以，但资源不足，假以时日也会好起来。

第三种，可能是领导者很差，不论资源充足还是不充足，企业搞好的可能性都不大。

如果你进了第一种企业（多数情况下企业都是如此），每家企业都会存在需要通过进一步工作来解决的问题，"不识庐山真面目"的员工往往会将自己的企业看得很糟糕。对此当然只能通过要求员工继续爱企业，时间长了就能看清了。

如果你进了第二种企业，无非两种原因。一种是你没有找到，或者说没有比这企业更好的企业看中你，说明你本身的职业能力还不高，或者是你没有更好的机会去更好的企业；另一种是你被请来或派来，本身就指望你能解决这家企业的问题。

如果是指望你来改变这家企业的面貌，当然不用说，你要从爱它开始，一点一点去引导员工和自己去奋斗。重点要说的是，如果你本身就是一个无足轻重的小兵，被命运的浪花无情地拍到这家可怜的企业，这时恰恰是机遇来了，命运给你送来了一张支票，并且上面的金额将完全由你自己来填写。

不要张大嘴，感觉不可能！

因为这样的企业，根本不需要多少技能，不需要多高的素养，你只要真心爱它，忠于它的利益，认真地做好每一件事，很快就可以显出来你的价值。

然后，你的口碑就会好起来，随之就会有更重要的任务来让你承担，你在承担更重要的任务中提升了自己的能力和素养，企业也在你的努力中获得了改善（也许只是某一小处的细微改善吧，那也是很好的事，继续下去），反过来你又可以执行更高水平的任务。如此，"面多了加水，水多了加面"，你手

里面揉出来事业的面团就越来越大了。你可以在那张命运支票上填写的数额,当然也就越来越大了。

当然,如果是第三种,就是企业的老板或者最高领导者本身道德品质差该怎么办?即便这样的人来管企业,他也需要有真心爱企业的人来帮着把企业搞好,你把握住一条:忠于企业,不是忠于企业的领导者,他做的事对企业有利你就做,对企业没利你不掺和。

所以对于第三种企业来说,员工首要选择的还应是忠诚于企业,如果企业的管理者对忠诚于企业的你都容不下了,那才应该"挥一挥衣袖,不带走一片云彩",优雅地告别吧!

对话 太多人栽倒在"人挪活"这句话上

A:以前,中国由于计划经济的束缚,工人跨企业流动就业很难,而等到国家给了员工自由流动的权利之后,跳槽换工作就成了一种非常常见的职场现象。大家都相信"树挪死,人挪活"这句话,总以为换换单位是改变眼前工作窘境的最优办法。怎样看待这种想法?

B:无数的成功和失败都证明,已经找到工作岗位的人,通过现有岗位的学习和修炼,实现在现有单位和专业的提升而走向成功,是最可靠最扎实的自我成功之路。只有你的才干被人追求,甚至是伯乐把机会送到眼前的时候,才是你的价值最高的时候(即便如此,可能你不离开原单位也会让你比离开获得更多的踏实和收益)。

第一单元 诚 信 01

A：就是说，自己水平不高，在一家单位里是个无足轻重的角色，甚至都混不下去，每天都承受不了岗位职责要求的人，如果换一份工作，可能照样也不会有多大改观的机会，对吗？

B：是的。不适应工作，尤其是刚参加工作不久的人讨厌自己的岗位，多数人还是因为想"少贡献，多拿钱"，真正因为自己的志趣、才干与工作性质发生冲突而不得不换工作的，还是少数人。自己本事不大，却想多占利益，这样的人走到哪儿都不会有太好的日子过。

A：所以对于这样的人，更多的流动不仅很难带来更多的好处和机会，反而可能会被"跳来跳去"耽误了前程。这不成了"树挪死，人挪也难活"嘛！

B：一个人要想在行业中成为能手、大师，只有一二十年这样长期坚守揣摩提高才有可能实现，而坚守在一家企业干，才能将根基扎深，避免到新的企业又要一切从头开始来熟悉人与事。在"扎根"这一点上，人与树其实是一样的。

A："中国8双手"的高超技能，是由他们一辈子在一家企业干下去那坚定的脚跟支撑着的，如同轮船靠泊在母港，他们将职业紧紧锚定下来，从不轻易挪动。

B：记住，"人挪活"是老祖宗劝解人时所说的一句宽心话。它应用在这样的场合：当你在某一处已经混不下去，已经要"死"了，甚至被"炒"了，这时老祖宗们才劝你别上吊，让你到别的地方去再想办法活下去吧，死马当活马医而已。所以"人挪活"的整句话是："（活不下去的）人挪（到别的地方看看能不能）活"吧。

A：明白了，如果只是图轻松、怕困难、捞好处，那么在职场上挪到哪儿最后都是会栽倒的。

讨论 离职后还要保持对原单位的忠诚吗？

尽量在一个单位工作下去，是职场上最应优先的选择，但从原单位离职，也是职场上总可能要面对的事。不少人从原单位离职时，都会涌起一种情绪——满脑子想的是原单位对不住自己的地方，觉得这回自己再也不用忍气吞声，为什么不大声骂上几句，闹一闹，痛痛快快出一口恶气。其实这是一种非常没有职业素养的做法。

那么，下面的观点中你同意哪一些呢？请在每一题后面选择"同意"或"不同意"，再与搭档讨论各自选择答案的理由。

1. 中国人讲"去臣无怨辞，交绝无恶声"，离开一个单位时，应该表现出自己宽容别人的优雅，要有不计较过去利益的洒脱，更应对原单位和领导的栽培表达感恩。

　　　　　　　　　　　　　　　　　　　　　　同意（　）　不同意（　）

2. 忠诚原单位，不讲原单位的不好，只讲自己从原单位的受益，将不仅为大家的分离留下念想，更重要的是体现了自己的素养、品位和胸怀，为将来自己与原单位的合作、得到原同事的帮助打下坚实的基础，将来可能会给自己带来新的机会。

　　　　　　　　　　　　　　　　　　　　　　同意（　）　不同意（　）

3. 如果在离开原单位时，图一时之快，口无遮拦，吐口恶气了事，不仅把自己在这家单位的全部修行毁个精光，还把这个单位变成反对自己的堡垒。走一条路堵死一条路，没有比这更傻的做法了。

　　　　　　　　　　　　　　　　　　　　　　同意（　）　不同意（　）

4. 再差的单位，只要自己工作过了，就有自己的人生时光在其中。原单位好，应该视为我的光荣；原单位差，应该想到是我没能让它变好，自己应该愧疚。说单位坏话，似乎自己是置身于单位事外，不是有担当者的表现。

　　　　　　　　　　　　　　　　　　　　　　同意（　）　不同意（　）

5. 从原单位离职，应该做到"慎终如始"，就像自己刚进入单位时一样，保持谨慎、谦虚、积极承担责任的态度。

　　　　　　　　　　　　　　　　　　　　　　同意（　）　不同意（　）

6. 将担当在肩的工作做好慎重的交接，要像将要离开心爱的家时，安排好家里的重要事务一样，那是一种生怕安排不到位的心情。让"坚守""忠于职守"的素养，在离开原单位时也一如既往地保持着。

　　　　　　　　　　　　　　　　　　　　　　同意（　）　不同意（　）

教学视频7
养花养习－思考子叶价值，
养成随时思考、揣摩的习惯

第二单元

专 业

4　用心和悟性是职场金刚钻

5　规矩即师傅，善学善思造就专家

6　现场是职业人的"职场字典"

4 用心和悟性是职场金刚钻

A课：敬业爱岗者最显著的特征——用心和悟性

人生是非常有意思的旅程。

同样从学校毕业进入职场的年轻人，经过10年再来比较一下相互在职场上的成就，就可以发现他们之间会有非常大的差别。有些人的成长与成功被同学们津津乐道，有些人却可能连同学聚会都不愿意参加，因为觉得有些自惭形秽（尽管这是一种不必要的自我否定）。

产生差距的原因是什么？

那些事业上落后的人多数会认为，问题主要不是出在自己身上。

比较典型的答案有这样几种。第一种是自己的家庭条件差，受到的教育不全面，导致能力偏低（"输在起跑线论"）；第二种就是家庭背景不硬，没有人主动提供机遇（"没有好爸爸论"）；第三种就是自己不是那块料，不愿意也做不到像别人那样钻营（"自我无错论"）。

固然，由于上一辈人带给每个家庭的资源积累不同，出身会让各人在职场具备不同的条件。这是一种社会现实，也正反映出（物质资源、人脉关系和思想意识等的）传承对于后代的优势作用，但其实每个人都会有不同的传承优势。比如，出身农村的在受教育上居于劣势的同时，可能会有吃苦耐劳和动手能力强的优势；而出身城市以及父辈积攒下厚重资源的，在比较容易获得资金和被提携机遇的同时，也可能会眼高手低缺少进取心。

正所谓"人生被关上一扇门，就会自动开启一扇窗"，没有绝对的优势降临到谁头上。即使有绝对的优势降临给谁，那是天上掉馅饼的事，可遇不可求，因此根本不用去考虑。

那么到底如何才能将职场的成功把握在自己的手中呢？

第二单元 专业 02

上一单元"诚信"部分论述了诚实、真诚、忠诚和守信带给职业人走长路的力量。而在职业的马拉松中，如何成为跑在领先团队中的一员呢？最根本的是我们是否具备两大特征——

第一，是否敬业和爱岗？

第二，是否每天都在用心工作，是否每天都体现出了职业悟性？

那些说起自己的专业和岗位自惭形秽的人，是配不上"职业人"称号的。但敬业爱岗又不只是靠口头表态，行家们往往是凭借有没有"用心"和"职业的悟性"，来判断你是不是真正做到了敬业爱岗。

敬业爱岗者的用心和职业悟性体现在——他对工作岗位的每个工序都在敬畏中琢磨是否可以优化，对每一台设备和工具的参数都反复背诵记牢，每一项操作都反复练习纯熟，每一项工作任务都思索可否干得更好。

老舍茶馆里的一位服务员，每天在厨师和客人之间来回对接。时间长了，她发现同样的菜，用同样的材料，同一位厨师在用心和不用心两种状态下做出来，客人一看一尝就能体会出来。

要职业人对工作用心，只有他对专业和岗位有着一份深情和执着才能做到。一旦对工作注入深情和执着，职业人的职业生涯中就得到了职业悟性这把"金刚钻"——顶级的钻头——打透一切岗位问题的工具，只要你每天都修磨好它，每天都操作它向着岗位的各种难题打钻，就会比那些不会和不使用职业悟性的同学、同伴、同行进步更快。

这种进步哪怕只有一丝一毫，一年半载下来就可以看出差距，更不要说十年有多大的差距了。

在职场上当官、升职总是少部分人，还得等别人提拔。可职业上能手、行家、大师却不会受名额限制，只要有真本事别人就会认可，就会予以尊敬。并且官场如果一退休，职业色彩就会褪色，而专业上的技能却具有不易打折的价值，可能还越久越值钱。

敬业爱岗，真可谓一条成功的捷径。而用心和职业悟性正是敬业爱岗的基本特征，想要成长与成功的职业人当然要每天在这里花上最多的力气！

对话　动笔记录的价值是什么？

A：用心和悟性是职场金刚钻，是引领职业者提升专业技能的"超级技能"。那么怎样才能修炼出好的职业悟性呢？

B：优秀职业人的悟性不是与生俱来的，而是要自己用心进行修炼培养的。用心培养悟性的窍门就在于养成"三项基本习惯"——阅读、动笔和动手，如果能将这三项基本习惯培养起来，你的职业悟性将会"如春起之苗，不见其增，日有所长"。

A：感觉这三项基本习惯好像都不是太好培养。阅读，现在差不多人人都捧着手机在看东西，但内容大多是娱乐花边之类的，真正有思想和工作价值的阅读很少。动手，好像不少人习惯于"袖手旁观"，擦机器扫地什么的，常常浮皮潦草。动笔记录习惯的培养就更难了。

B：是的，最难的是动笔。解决动笔难，关键要消除职业人对动笔记录不重视的习惯。现在是电子媒介极为发达的时代，个人的通信、阅读、信息记录，很多在智能手机上即可快速完成。特别是在许多企业，个人在工作中的一切行动基本都由工作管理系统进行记录，如果有需要可随时敲击几下键盘，就能查阅一切过程。似乎根本就没必要要求员工通过"动笔"来记录工作。

A：当然，有些场合企业是不会采取电子手段记录的，比如，各级领导开会布置工作。所以会议场合，包括培训课堂，这些显然还是要求参加者动笔做记录的。

B：开会、培训这些场合做记录，一般没有太大问题。"动笔"习惯最重要的使用场合是职业人每天对自己的工作业绩、工作中特殊的事件（比如事故、工作突破等）、自己对工作上某一问题的困惑或者有所感悟的记录。

第二单元 专业 02

A：这类记录，每天看起来并没有特别的地方。因为当天或者一段时间里面，自己对工作中的事记忆是清楚的，所以会让人觉得这种记录多此一举。尤其是这种记录多数需要下班后花时间来进行，好像能坚持的人不多。

B：不用心的人，的确难以每天坚持这种记录。还有人以为用手机拍一张照片存起来，或者说一段语音录下来，不是又快又好的记录吗？这都是因为没有理解记录的目的。还有人说，当天有重要的事情才记，没必要天天都记吧？这种想法也不对。

A：我的理解，职业人的工作记录是为了自己进行工作总结用的。许多年轻人每到年底听到上面要求交"工作总结"，脑子就会一片空白，根本想不起来一年干了些啥，更不知道哪些事情在一年中的价值几何。对于那些每天做工作记录的人来说，这是很轻松的事，只要翻翻小本子便一览无余。

B：正是这样。其实价值更大的"工作总结"不是上级要求的，而是职业人应该自己进行的总结。当你每过一段时间翻一翻工作记录，从中就可看出来本岗位一段时间内的工作特点，针对这些特点再动脑筋，就可以想出改善、改进的办法来。这种自我总结正是自我提升的关键途径！根据观察和历史传记的披露，许多成功者，包括行业能手、高级管理者，还有政治领袖，他们往往都有记录工作、总结规律这一共同习惯。

A：这么说，就知道为什么坚持要求每天用纸和笔来记录了。每天记录形成习惯，积累多了，悟性自然就会提升。那种说每天有重要事情才记录的想法，很容易导致"三天打鱼两天晒网"，时间一长就不了了之。而不用手机、计算机等电子工具来做工作记录，一方面是这些工具没有纸质笔记本的翻阅效率高；另一方面是这些工具更新换代快，容易丢失。是这样吗？

B：完全正确。

课堂调查：你具备了优秀职业人的三项基本习惯（阅读、动笔与动手）吗？

请就以下各项问题回答你的目前做法，并听录音给予的判定计算得分，每题5分，总分35分，得分低于20分者需要改进自己。

序号	如果你是这样做的	选择此项	得分	如果你是这样做的		选择此项	得分
1	每天晚上都会抽空将第二天的工作思考一遍，或将上课的内容预习一下，并将感觉有问题的地方做好记录			很少提前思考第二天的工作并做好准备，一般不预习上课内容			
2	喜欢到书店去买有关自己专业的课外读物，每半年都会有一本以上，并且在本年度阅读完毕			从未或者很少到书店去买与自己专业有关的书籍			
3	经常到图书馆借阅与本专业有关的书籍，每半年一本以上，并在本年度阅读完毕，且知道该书的概要			经常到图书馆借阅，并都阅读完毕	小说等文艺书籍		
					人物传记		
4	除去查阅专业资料，很少用手机上网看新闻、打游戏、聊天（每天上网或打游戏不超过1小时）			除去查阅专业资料，用手机上网看新闻、打游戏、聊天	1~2小时		
					2小时以上		
5	平常外出或者在学校和家里，碰到与自己专业有关的事情和技术，总想琢磨一下它的原理，想想为什么会是这样			很难看到与自己所学专业有关的东西，也不愿意去找相应的东西来琢磨			
6	总喜欢去做些什么东西，自己特别想拥有制造或修理某一类物件的工具箱			特别不愿意动手去做些什么东西，哪怕是自己饿了要做一碗面条，或者碗脏了要洗一洗，也不愿意动手			
7	有记日记的习惯，或者碰到重要事情怕记不住，总想写下来（包括记录在手机里）才放心			干事情全靠脑子记忆，就怕让自己写下来什么东西，外出从未带过记录用的纸和笔			
	得分小计			得分小计			
	得分总计						

教学视频8
养花养习-认知护理措施，体会付出与回报的关系

B课：职业人的理想和信念——"改进""改善"和"逆向揣摩"

人人都有自己的理想。每个人最基本的理想当然是让自己和家人都过上更好的生活，这是我们进入职场最初心，最基本，也是最正常不过的想法。如何实现这样的理想？当然只有靠我们在职场上的努力和奋斗。

作为一个职场人，怎样努力和奋斗呢？往什么方向、在什么地方努力和奋斗呢？纵观所有优秀职场人士的成功，大都因为他们具备这样的理想和信念——每天都琢磨自己的工作能"改进一点""改善一点"。

为了这两个姓"改"的"小进"和"小善"，茶可以不思，饭可以少想。也可以说，这就是努力和奋斗的着力点。最终就会让自己的岗位、自己的企业、自己的行业、自己的国家，一步一步赢得业绩，赢得尊敬，最终赢得成功。

德国当年的产品质量曾经比英国差很多，日本的产品也曾被视为破烂货，韩国的汽车20世纪80年代让人提起来还非常不堪……他们到底是利用什么样的神器，来达到今天的成就呢？

答案就是：这些国家的职场上多数人都争着与"改小进"和"改小善""谈恋爱"，最终都让产品质量为各自国家打赢了翻身仗。

一位职业人走过冬天的湖面，看到冰面上落下的一片枯柳叶。回家他给读初中的孩子出了一道物理题：

"一片枯柳叶落到冰面上,你相不相信它会在冰面上压出印痕,并最终穿透冰面?为什么?"

答案是"能",因为他已经看到了枯柳叶在冰面上形成了很深的印痕。当时他站在那儿思考好一会儿,想明白了原因。枯柳叶的颜色深,能够吸收太阳光的热量,枯叶就借着这热量像热烙铁一样去"烙"冰面,一天天过去了,枯柳叶虽然很轻,却不断地将自己"压进"了冰里面,等到气温上升,冰面尚未融化,枯叶已经穿冰而入水。这就是职业人的思维习惯——逆向揣摩。

不要以为只有牛顿这样的科学大师才善用"逆向揣摩",从苹果由树上落到地面(却不跑向空中)揣摩出万有引力的理论,其实只要是职业人就会有意识地锻炼自己这项思维功能。

常言说"失败是成功之母",如果没有将失败的原因进行逆向揣摩的能力,事故调查都做不好,何谈克服败因走出失败?我们说职业人的理想信念就是"改进""改善",前提是能将每天的现状背后的因素思索清楚,才能找到改进和改善的着手之处。所以如果说专业上的进取,第一靠的是悟性,改进改善就是推动悟性往前钻研的心中愿力,而逆向揣摩就是悟性这柄金刚钻尖上的一片"刃角"。所谓的精益求精,就来自这里。

这是职业人的理想和信念。

对话　PDCA是精益求精的科学方法

A:在企业的管理中,可不可以通过一种科学的方法来实现精益求精这种工作愿望?

B:在20世纪50年代,有管理专家将前人提出的一套构想发掘出来,称为"PDCA循环",运用于持续改善产品质量的过程中,发挥了非常重要的作用,如今已成为企业管理中一种基本的思考方式。

A:"PDCA循环"包含哪些内容?

B:PDCA是英语单词Plan(计划)、Do(执行)、Check(检查)、Action(调整)的第一个字母。

第二单元
专 业
02

 A：PDCA是怎样的工作思路？

 B：PDCA循环就是按照这个顺序进行工作思考和安排，在不断的循环之中找出每一轮计划的优点和不足，在下一轮采取措施扬长避短。这样工作的水平不断改进，工作的绩效不断提升，从而达到精益求精的目的。

 A：所以改进、改善和逆向揣摩的想法应该结合PDCA去实施。

 B：理当如此。

讨论 老舍茶馆服务员所说的用心

北京老舍茶馆为客人从事茶艺服务的员工杨阳，虽说并非茶艺专业出身，但经过十余年在岗位上的努力，已经成为老舍茶馆的骨干茶艺师，广受客人好评，也深得企业领导的器重。她发现，无论是做一名茶艺师，还是其他任何岗位，用心和不用心都是每天工作好坏的最重要前提。比如，厨师今天用心做了一道菜，客人就会感到好吃；如果今天客人投诉菜有问题了，首先就可能是厨师没用心。

1. 请回想自己平时是否有用心和不用心做事的情况，分别举出一例。

（用心做事的例子）

（不用心做事的例子）

2. 你觉得出现用心或不用心做事的原因一般是什么？

（用心做事的原因）

（不用心做事的原因）

将自己的答案与搭档进行讨论。

教学视频9
养花养习－认知护理方法，
加强遵循规律的意识

5 规矩即师傅，善学善思造就专家

A课：敬畏规矩——让前人的巨大付出继续呵护我们

有家企业的油漆生产线，因为加热管未清理好而产生火灾，让企业付出了惨重代价。事后检查原因，发现此前十几年都是定期将加热管拆卸下来清理，这次因为更换了管理者，原先的规矩没有执行到位，结果酿成大祸。

现代生产、市场、金融等各种人类活动的场合，其内在的运转非常复杂，为了让人人都能简单、高效地在其间工作，现代管理主要依靠各种软件和硬件的工具，外加让操作者去执行的命令和规矩，去实现对工作的把握。

许多情况下，这些命令和规矩为什么要这样，执行者可能根本都不需要知道。

但如果岗位上的人对管理规矩漫不经心，往往后果不堪设想。

2015年8月12日的天津港大爆炸，造成近千人伤亡，300余栋建筑物、12 000余辆商品汽车、7500多个集装箱受损。最直接的原因就是危险货物堆场的建设不符合要求，而仓库运行中又没有按规矩对装有硝化棉的集装箱进行有效管理，造成硝化棉集装箱积热自燃，从而引发其他危化品爆炸。

按职业规矩进行工作，既是安全的前提，也是工作能够高效、产品能够优质的基础。因为几乎所有的职业规矩，都是对之前的安全或质量事故、管理教训总结出来的改进措施。其中蕴含了多少血和泪，投入了多少心力和资金，作为职业的后来人只要简单遵从规矩，就可以轻松传承成果，想起来真是非常幸运的事情。

中国航天事业在全球享有盛誉。某航天发射场门卫们曾连续十几年执行一项规定：来访者不准带任何东西进入，包括必须将鞋带解下来留给门卫！来者不理解为什么要将鞋带留下来，门卫也讲不清为什么，只说他的师傅退休前交代说，这是当年的总指挥张爱萍将军立下的规矩。

几十年后，人们从相关回忆录中才知道，原来是有次在火箭临发射前，从发动机舱的油路里找出来一根鞋带。张将军大怒，要求在"不许带任何东西进场"的规定后面附加上"不许鞋带进入现场"。就这样，"不许有鞋带进入"这个后来被认为不太合理的规定，在那里一执行就是许多年。

这种对规矩绝对执行到底的精神，也是中国航天事业能够傲视全球的因素之一。类似这种执行力，最初的执行力来自哪里？

虽然规矩的执行需要依靠社会和企业的职能部门来监督和持续推动，但监督和提醒者总不是操作者，最终还是要岗位上的操作者来把规矩执行下去。而职业人对职业规矩最有效的执行就是"敬畏"。敬畏，是人对某件事物重视的最高境界，以敬畏之心对待的东西是最容易记牢，也是最能够践行的。人类发展的过程中，将"敬畏"体现最充分的就是跪拜。

第二单元 专 业 02

过去，为了让某一职业上的规矩得到有效传承，除了树立一些神明式的人物作为行业的祖师爷（比如鲁班就是中国木匠乃至整个制造业的祖师爷），还要举行拜师仪式，入行学徒者在仪式上对鲁班和师傅跪拜行礼，内心就对鲁班和师傅所讲的规矩心存敬畏，行事必依。

如今除了宗教场合，跪拜行礼在职业人入行时已经不再时兴了，但职业规矩的重要性一点也没有降低，职业人应该以敬畏之心对待的必要性依然如故。

至少，敬畏规矩能让前人继续来呵护我们——用他们一代代探索所付出巨大代价总结出来的各种规矩。我们按照这些规矩办事，就可以带给我们最有效的成果，就可以避开那些潜伏在岗位上可能爆发的危机。

可见，有规矩可依是多么幸运的事情。在过去，许多职业规矩都是秘不外传，甚至一家之中也是"传男不传女"。许多有心成为业界高手的年轻人，为了学到一两招行规秘技，往往长年累月地不懈追求。

规矩就是业界所有前辈作为师傅留下的教诲，如灯塔一般启发着我们的专业素养，我们一定要保持敬畏。

对话　怎样理解"崇尚科学，敬畏制度"这句话？

A：在职场上，既要将"改进""改善"作为理想信念，又要"敬畏规矩"，一个是强调要对现有的东西进行"改"，并且是持续不断地改；另一个是强调对已有的规矩保持"敬畏"，要不折不扣地执行到位。这两者看起来很矛盾呀？

B：这是各种门类的专业能够得以发展的两大功能，就如同开车：改进与改善的"改"就是汽车的发动机，给前进以动力；而对职业规矩的敬畏，就如同汽车的方向盘和刹车系统，保障汽车的安全。从来也没人说将动力系统和安全系统都放在汽车上是矛盾，而是觉得这两者不可或缺，是汽车开得好的基本前提。

A：所以，如果能将专业上的"改"与"敬"这两种看似矛盾的要求协调起来，那么职业人在专业上就有可能获得很大的成就。

 B：是的。有人将这种"改"与"敬"之间的关系，用"崇尚科学，敬畏制度"这句话来描述。

 A：这样来讲，就交给职业人怎样把握的技巧了。具体怎样来理解呢？

 B："崇尚科学"，就是用科学探索的精神来对待工作，永远想着怎样"改进"和"改善"；"敬畏制度"则是对企业和行业原先制定的规矩和要求保持敬畏之心，不折不扣地执行。

 A：能这样做的人，应该是整天都对工作有一种管理意识吧？

 B：是的。职业人每时每处都要想着自己的言行是否符合规范的管理要求，切不可由着性子做事。对于企业有管理规定的，一定要按照规定去行事；对于暂时没有规定，或者规定不健全、不合理的，要通过自己的观察研究，积极向相关部门和领导反映，经过企业规范的程序，推出新的规定以修正原先的规定。

 A：我理解，这就是完整的"敬畏制度，尊重科学"的理念了。

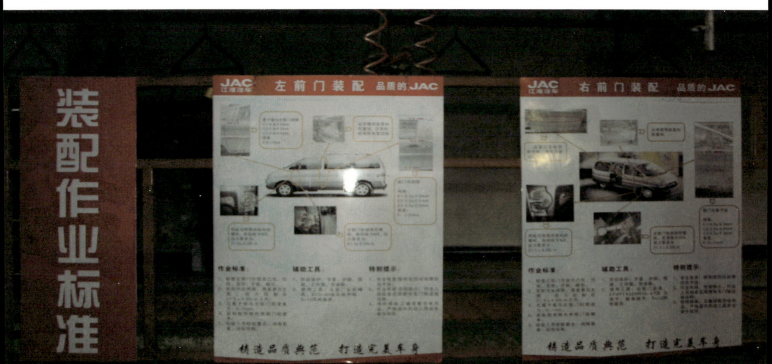

第二单元
专 业
02

讨论　为什么有人骑车和走路不愿意等几十秒红灯？

在城市中，开车不闯红灯现在已经得到很普遍执行了，可是骑车和走路时依然有人不愿意去等那些只有几十秒的红灯，不仅让人看起来觉得这些人的素养不足以称道，而且时常发生交通事故。

想想看：

1. 你自己是否也有这样的不良习惯？一般会是什么情况下出现？

2. 你觉得出现这些不良习惯的原因一般是什么？

请与搭档对各自的答案进行讨论。

教学视频10
养花养习-观察植物变化，
养成阶段性反思计划的习惯

61

B课：善学善思，让读书、交师友、多思考成为人生习惯

我们知道，能够不断获取外部资源（包括知识）的支持，会大大提升做好自己工作的能力，而任何外部支持的获得首先要我们具备匹配的条件，并且能够将获得的能量运用于日常的工作才能最终显出效能。具备善学善思的习惯，通过读书、交师友等渠道"借智""蓄能"，每天思考，就容易对自己的工作形成突破的思路。

人类之所以比动物高级，主要是因为人创造了想象世界并生活在里面。作为人们想象的标志性产物，同时又是记录、发扬和保存想象的主要工具，书籍在人类文明发展和个体成长、成就的过程中所起到的作

用首屈一指。可以说，书中储藏着供从业者在职场驰骋的充足价值与力量。所以莎士比亚说，书籍是全世界的营养品。

将书籍当成营养品的人，总是能成就大事业。从传记中可以了解到，我们党的许多领导人都曾如饥似渴地读书。习近平总书记在读书方面就是我们的楷模。现在到他下乡插队的陕北小山村梁家河去参观，从现场的介绍中可以感受到在那里的7年，他给人留下的突出印象，一个是为人厚道、踏实苦干，另一个就是特别爱读书。他住过的几个地方，小炕桌上摆放的油灯总是伴着他读书到很晚。休息日，别的知青去串门，他却更愿意留在屋里读书。

读书就像找到高明而推心置腹的师友一样，对我们的工作和人生可以起到重要的指导和咨询作用。我们要结交高明的师友，一般是很难的，时间和精力成本很高，甚至还要有一定的地位匹配，而读书可以跟古今中外最高明的人们形成思想上的师友关系。正如习总书记所说：先贤们的思想结晶，许多人的智慧和成功的经验都在书里，无须经其同意便可拿来为我所用，何乐而不为？

当然，尽管结交高明的师友很难，我们也应在这方面多下功夫。一个人可以钻研一门技艺，可以在家炒股，甚至可以证明一道科学命题，但是单枪匹马、闭门造车是很难成就什么事业的。要想不断提升自己，拜高人、高手为师为友是十分关键的举措。师友往往拥有巨大的帮助力量，能够结交多少有水平、有德行的师友，就能给事业带来多大的帮助。许多情况下，行家、前辈一句话的指点，如同醍醐灌顶，兴许能节省你三五年的工夫。

总体来看，通常我们每天的工作就像是一堂学习课程，也许你早已对工作岗位上的事务很熟悉，但也难免会碰到新的课题；即使没有碰到新课题，怎样进一步提高效率，精益求精，好上加好，却是永恒的任务与学习课题。如何解决新碰到的问题，或是在原来的基础上进一步提升，要靠读书、请教师友这些外部助推力，更要靠自己有意识地发现课题、确定目标，然后每天进行思考、形成思路、找到事情的

第二单元 专业 02

入手点，就不愁不会成长与成功了。

古人说，"学而不思则罔，思而不学则殆。"不学习、不思考，很难有什么收获，时间长了在职场上就有混不下去的危险，在学校学习同样如此。那么，我们怎么才能将善学善思，以及读书、借智、多思考的意识，变成以后的行为习惯呢？

从今天开始，我们要做到：

第一，在职业生涯中碰到德行和学识比自己高的人士，只要对方愿意礼贤下士，就该主动去交往和请教。

第二，每天再忙也至少保证30分钟的时间读书学习、思考工作与学习中的新问题，或是考虑如何提升工作与学习成效。

第三，将形成的思路写下来，并经常修改完善。

对话 为什么有人从交友中受益很多，有的人却相反？

A：今天的课文内容让我们多读书、多交友，确实有助于我们的成长与成就。读书相对容易一些，只要我们有此意识就能逐步做好，感觉交友就不那么容易了，这方面可否深入指点一下？

B：有种说法叫"下棋找高手"，我们交友应该注意找那些对自己事业发展、人生成长有助益的高人、高手，避免交上一些"酒肉"朋友，尤其是不能交那些无所事事、低级趣味的无聊朋友。当然，考虑到人际交往地位相当的特点，来往较多的通常还是那些亦师亦友、互相有所启发和支持的层次与圈子。

A：怎样才能交上那些对自己有帮助的师友呢？

B：对自己有帮助的师友就是良师益友。对于交友，第一要诚恳友善、善解人意、多予少取；第二不能将朋友关系看成利益交换的关系；第三要宽容与谅解对方；第四要坚持尽量不给对方添麻烦的原则。能做到这四点，应该是会受到各类朋友欢迎的，在此基础上看缘分，交上一些对自己有帮助的良师益友应该不是难事。

63

 A：可为什么有些人交友却出了问题？

 B：朋友与亲人不同，亲人是血缘关系带来的，我们很大程度上无法选择，而朋友往往是相互主动选择的结果。既然是选择，就可以依据一定的原则和标准来进行。那些交友方面出了问题的，可能最初选择朋友的原则和标准就是错误的。比如说，前面提到的选择那些有助于自己成长的人做朋友，还是选择那些相互之间纯粹进行利益利用的人去交往，往往前者会带来益处，后者可能只会交上一些损友，出问题的可能性就很大。

讨论　从身边人的交友情况看素养差距

好比大海中的航标灯，师友们总会在技艺、做人、看问题的思想方法等关键之处，为你指点正确的方向，给你坚持的力量。可以说，结交良师益友能够引来精神、知识、技能上的各种助力。

有人说，看一个人的素养与层次，只要看看他结交些什么样的朋友，就可以大概判断出来。

请想一想你的身边是否有人总是能够结交到各方面的师友？

是否有的人总是结交不到水平和能力比自己高的人？

比较一下这两类人，他们在素养上是否有差距，并和同学进行讨论。

第二单元 专 业 02

思考练习 从身边人是否思考工作问题来看职场差距

古人说，"学而不思则罔，思而不学则殆。"不学习、不思考，每天思想上没有收获，时间长了在职场上就有混不下去的危险。

每天的工作都会向你提出新的要求，如果你接收到这种新要求的信息，就应该静下心来去思索，去仔细考虑解决问题或进一步提升的切入点在哪里。

请想一想身边是否有人总是能够思索出解决问题的思路，找到新的切入点？

_____

_____

是否有的人从来不思考，直到领导要求了，问题找上门了，还一脸茫然，不知所措？

_____

_____

比较一下上面两类人，他们在职场上受人重视的程度是否有差距？

_____

_____

教学视频11
养花养习-了解植物的枝干，
养成仔细观察的习惯

6 现场是职业人的"职场字典"

A课：现场——职业人解决问题的"工作字典"

中央电视台有一个热门栏目《今日说法》，每当讲到公安人员破案遇到难题时，解决办法往往是"再到案发现场重新勘探"，最后在现场的"帮助下"，把握案件的关键线索，一举破案。

企业解决问题，同样重视现场。有家企业的机床加工车间现场管理不能令人满意，于是领导指定一位年轻的助理工程师前去支援。到了车间里，年轻的助理工程师就开始对现场进行反复仔细地观察。没过多久，他就得出结论，这个车间的工作现场存在两个大问题：一是各台机床之间没有进行工序链接，各干各的，形不成生产流水线，每个工位旁零件都堆积到不能再堆了，才有人来运到下一道工序的机床边；二是工人将加工好的零件直接往地上扔、往筐里甩，地面被砸出了许多坑，零件上常有磕碰出来的"伤痕"。

那位助理工程师征得领导同意后，对机床布局进行了调整，将上一道加工工序的机床调整到紧挨着下一道工序的工位，这样各个工位加工出来的零件不用运出老远的距离，省了搬运与调度的工夫。同时，他又设计出专门供操作者放置加工好零件的支架器具，操作者不能再往地上和筐里乱扔零件了。

于是，那个车间的面貌焕然一新，地上的坑不见了，加工出来的那些工件上再也不会出现"伤痕"，生产效率也得到了提升。没有人计算过年轻的助理工程师那次改变车间陋习的成果值多少钱，但大家都记住了他的贡献。

袁隆平在田间现场查看

第二单元 专业 02

几乎所有成就大的人,都会对现场有着天然的亲近感。像我国杂交水稻之父袁隆平生前常年挽着裤脚在试验田中巡察,俨然一位憨厚的老农民。

甚至在艺术创作中,现场也是最好的老师。被誉为"罗布泊画家"的李葳,为了画出罗布泊的"灵魂",十多年间每年都要深入这片"死亡之海"的沙漠腹地采风写生,历经各种磨难和生死考验,在实实在在的体验中终于和这片大沙漠实现了"心灵沟通"。

优秀的企业对现场的管理一定是非常优秀的,优秀的企业管理者到现场一瞄,便知企业管理素养的高低。如同拳师高手从来者举手作揖的简单动作中,就能判断出对方的功夫高下。

现场对于职业人就好像是一本无字的"工作字典",只要你用心沉浸其中,仔细反复地向它请教,它就会或快或慢地把答案透露给你。即便是你想叩问自己职业的金矿在哪里,只要足够执着,最后也有可能告诉你。

随着计算机和网络技术的发展,许多原先需要大量实体实物进行现场验证测量的环节,可能被大大压缩或减少了。比如,计算机辅助设计使得各种工业设计中的许多实体模型变得不再重要,大型计算机也使得原子弹的爆炸、天气系统的变化可以被模拟。但基础数据的取得,最初理论的验证,最后模型实样的体察等,这些都还是离不开现场实证这一环节。

即便实体商店被网店大量代替,顾客因此不会直接体会到商店的购物实景,但是网店的各个运营环节依然是由一连串的现场所组成的,每一个现场的管理水准高低,一样会反映出每家企业的专业水准高低。

现场只会转移、变化,永远不会失去它作为"工作字典"的功能。考古学家凭着一小块化石而给我们描绘地球和人类久远的过去,那块化石上附着的就是当时的现场。现场永存价值,职业人永远尊崇现场。

对话 你知道每个工作场所都有一个无形的"储存工作记录"的地方吗?

A:有专家说,每个工作场所都有一个无形的"储存工作记录"的地方,这是真的吗?

B:说这话的人所要表达的意思,应该是强调职业人要端正自己的工作态度,在进入工作现场时要有本书前文所讲的"敬畏之心"。在工作现场,包括犄角旮旯,包括厕所和垃圾堆,都应该去恭恭敬敬地认真对待。

A:中国人喜欢讲"人在做,天在看",也是这个意思吧?

B:这也是在强调会有那么一个你看不见的规律在起作用,你认真努力会得到正向回报,敷衍塞责会得到负向回报。你每天是怎样对待自己的单位、工作、客户和同事,每一点都会被"储存记录"在一个无形的地方,天长日久,这无形的"储存记录"就会发出来"考评报告"——写在你的业绩中、能力的成长中、客户与业界对你的评价中。

67

 A：明白了，工作场所"储存工作记录"原来就藏在单位和自己成长的背后啊！

 B："敬畏现场"的理念只是提供了作为一个职业人工作的思路和方向，真正工作起来，关于现场的标准和要求会很多很具体。只要我们心中有一种对得起无形的"储存工作记录"的意识习惯，在什么专业场所都能应对自如。

讨论 现场解决问题的核心理念是什么？

现场解决问题，这一理念实际上包含"三现"，即现时地、现场地、现物地对问题进行研究和解决。它的核心是要求职业人在没有到达现场、没有对问题出现的"现时"和"现物"进行充分的、以数据和事实说话的研究之前，抛弃任何以为是"理所当然"的想法。这一理念要求的研究方法，是对每件事、每个问题持续问为什么，直到找出原因并彻底解决。

比如，有一家企业要进行环评认证，在认证过程中，上报给环保部门的场地信息是由房屋出租方给出的房屋标号，可是环保部门的回复总是说房屋的信息有误，审查不予通过。刚开始，他们以为是环保部门故意找茬不给办，几次疏通关系仍然说是房屋信息的问题。后来，公司负责人拿来房东提供的图纸，带着人到现场一一核对，发现老的房屋格局中由于门前马路扩建已被拆掉了两排房，未拆除的房屋又进行了部分加盖，可房东还是按照原先的格局标注房号。房号信息改正了以后，很快环评认证的工作就顺利推进下去了。

请想想自己是否碰到过什么事情，一开始以为是某种原因导致的问题，结果经过现场实际调查，却发现另有原因。

1．（开始时以为的事因）

2．（现场仔细调查后知道的事因）

请与搭档对各自的答案进行讨论。

教学视频12
养花养习-观察叶子的特点，
养成尊重个人的意识习惯

B课：6S管理——扫把下的现场管理最高境界

整理（Seiri）、整顿（Seiton）、清扫（Seiso）、清洁（Seiketsu）、安全（Security）、素养（Shitsuke）。

上面这6个词组括号中英语字母组成的词，除了"安全"这个词是英文单词之外，其余全部是用罗马文标注的几个日文词的读音。由这几组词形成的一套管理理念是日本工业界对企业管理的一项国际性的重要贡献，目前全世界都在推广。由于其重要性，现在英文字典中也能查到这些词的注释了。因为每个词的第一个字母均是S开头，故而简称为"6S管理"。

整理：将工作场所的任何物品区分为必要的和没有必要的，除了必要的留下来，其他的都拿开。目的是，腾出空间，空间活用，防止误用，塑造清爽的工作场所。

整顿：把留下来的必要物品依规定位置摆放，并放置整齐加以标识。目的是，工作场所一目了然，缩短寻找物品的时间，工作环境整整齐齐，消除过多的积压物品。

清扫：将工作场所内看得见和看不见的地方清扫干净，人的工作环境保持干净、亮丽。目的是，稳定品质，减少工业伤害。

清洁：将整理、整顿、清扫进行到底，并且制度化，经常保持环境处在美观状态。目的是，创造明朗现场，维持上述3S的成果。

安全：重视成员安全教育，每时每刻都有安全第一观念，防患于未然。目的是，建立安全的现场环境，让所有的工作都安全地进行。

素养：每位成员都养成良好的习惯，遵守规则做事，培养积极主动的精神（也称习惯性）。目的是培养具有良好习惯、坚定遵守规则的员工，营造团队精神。

"黎明即起，洒扫庭除，要内外整洁。即昏便息，关锁门户，必亲自检点……"这样的叮嘱，出自300多年前中国一位理学大师所写的《治家格言》。将之与"6S管理"对比，你会不会产生这样的困惑——难道现代化企业管理中被尊为最基础的"现场管理"方式，不仅与农耕时代居家过日子是一样的理念，甚至连起步都是一样"点检物品"，一样从"洒扫"这样的事情开始？

的确如此，不论人类的技术和文明如何进步，如同人与外界事物的接触还是从眼耳鼻舌手脚等基本的感官开始一样，职业人对工作的管理也还像是对家务进行安排，要从最基本的整理和清洁开始进行。

也可以说，就是从扫把和抹布之类的清洁工具的运用，从一根棍棒靠在墙边的位置，从一片纸屑如何进入垃圾箱开始最现代化、最复杂的职业流程。

就像每天都要洗脸，我们在工作岗位上进行的6S也是每天都要进行的，一直到每天如果不进行这样的6S过程，自己就觉得好像没刷牙洗脸就出门那样不舒服。

这时，就可以说你已具备6S素养了。

这时，你就可以说自己达到现场管理的最高境界了。

对话　以现场为中心，把握工作"关键点"

A：以6S为代表的现场管理理念，描述了实体经济中职业人应该围绕现场来工作，如今各种虚拟经济可能并不太有实体性的现场，大家可能都面对着计算机屏幕，这是否意味着以现场为中心的工作理念过时了？

B：在虚拟空间中，本身也是有"现场"的，比如，电影、游戏当中"场景"是主要产品。同时，创造虚拟经济的单位和企业本身并不是存在于虚幻之中，他们哪怕只是有一个办公室（甚至在自己家里办公），也是有现场的。这些地方同样适合6S的现场管理理念。

第二单元 专 业

A：可否认为6S管理所传导的现场为中心的理念，并不是简单地将现场6S做好就万事大吉了？

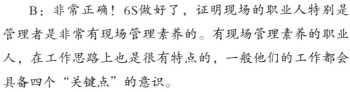
B：非常正确！6S做好了，证明现场的职业人特别是管理者是非常有现场管理素养的。有现场管理素养的职业人，在工作思路上也是很有特点的，一般他们的工作都会具备四个"关键点"的意识。

第一个"关键点"：每天思考。每天对自己工作范围内的事思考一遍——是否有不到位的东西存在。

第二个"关键点"：形成思路。针对发现的问题，通过找相关人员调查了解，形成一套行之有效的解决思路。

第三个"关键点"：抓住关键人。抓住解决问题的关键人员（有时可能是自己的领导），推进事情的解决。

第四个"关键点"：对关键环节反复抓，抓反复。每天关注和督促事情的进展，对于关键环节通过反复抓、抓反复，直到各个关键环节的执行者都能按照新的标准要求，全面进行落实。

A：为了实现这四个"关键点"的工作思路，职业人在具体推进中，应该注意哪些方法？

B：每个人的习惯不同，工作的条件不同，具体工作方法肯定是千差万别的。但是完美的工作成果一般不会缺少这样三个"关键点"。

第一个"关键点"：沟通和对接。通过沟通对接，让协作团队全部明确知道多长时间、何种方式（会议、现场检查、定时通报等）、何人负责何工作。

第二个"关键点"：把握关键时间节点和标准。做任何事情，如果没有时间节点和标准的要求，即便是做了工作部署也是白说。时间节点的把握，除了一次性办完某项工作的总时间，还要将总时间分割成若干个阶段，定好每一步的时间计划和达到的标准。

第三个"关键点"：事后回复和总结。可以说，事情的结束不是随着当天事情的结束而结束，而是以事情的责任人是否向领导和协作者进行了报告和回复、事情的参与者是否进行了充分总结作为结束标志的。

A：这些"关键点"在具体操作时又有哪些技巧？

B：在本书的后面单元中还会涉及更多。

讨论 你在日常生活中具备6S习惯吗？

现在很多年轻人在家里没有养成做家务的习惯，不愿意洗碗，不愿意扫地，因此到了学校和社会上碰到较乱、较脏的环境，往往有一种抵触的情绪，先是自己的眉头皱起来，脚下就有了开溜的意愿，时间一长居然会养成"视而不见"的习惯，渐渐地已看不到现场存在的问题了，而主动去改变不良环境的意识完全丧失了。

1. 你觉得自己一般在什么样的情况下，才可能去做好6S？

2. 你觉得你们集体宿舍的情况符合6S吗？

3. 如果不符合，你认为怎样才能做到符合？

4. 如果符合，是什么原因让你们宿舍做到的？

请与搭档对各自的答案进行讨论。

教学视频13
养花养习-了解花朵类型与作用，培养钻研行为习惯

第三单元

积 极

7 积极推动自己去突破

8 积极与人沟通

9 积极承担责任

7 积极推动自己去突破

A课：德不孤，必有邻，坚持做对的事情

在一座海滨城市，10多平方公里的岛域内集高档住宅、酒店、景点、高尔夫球场及各种综合配套设施于一体，引来全国各地的购房者。这里的房主，多数人大半年都在各地上班，只是到了冬天才如同候鸟一般，陆陆续续扶老携幼返回这里。

岛上住人最多的时候是春节期间，汇聚而来的人数以万计。人一多，有些公德意识不强者的行为就给环境带来了不和谐，特别是在游人如织的海滩上，随意丢弃的各种塑料制品、酒瓶、烧烤垃圾等显得非常扎眼。

有位女住户头一次到这里过春节，每天都看到漂亮的沙滩如同被强盗蹂躏过一样脏乱。实在看不过去，她就和家人一起去捡拾垃圾。

但每次捡拾以后没过多久，沙滩又被斑斑点点的垃圾侵占，几次之后她就失去了信心，觉得自己这么做像"堂吉诃德"一样可笑，也劝阻家人别再去捡拾垃圾。

一年之后，当这位女住户又回到这里过春节，发现岛上的住户又增加了不少，可海滩却比一年前干净了许多。开始时，她以为是物业部门加强了清扫力量，因为晚上在沙滩散步时，她还看见远处有人在捡拾垃圾。

74

第三单元 积极 03

直到有一天,她迎面碰上了垃圾捡拾者,才看出来是与自己一样的住户。第二天她又看到一位女士,捡起别人丢弃在路边的几个塑料饮水瓶,显然这位红裙女士也只是一位岛上的住户而已。

看到这些,她为岛上有这样一些爱护环境的邻居而倍感欣慰,而她的家人则为上一年自己没能坚持将捡拾垃圾的事做下去,感到有些自责,后悔没有从自己的怠惰惯性中走出来,坚持做对的事情。

对话 "随大溜"会让人失去出类拔萃的机会

A:我们生活在一个越来越丰富多彩的时代,涉及个人利益与成功的事情实在太多。个人收入、职务职称、家庭安排、子女上学、购房安居,有多少事情在分散我们的注意力。喝酒聚餐、打牌娱乐、游山逛水、网游刷屏,有多少事情在消磨我们的时间。但大家都在干这些事,我们不跟随着去做,好像就对不起生活,就好像没朋友似的。

B:是的,认为大家都是这样,所以我们就"随大溜"地跟着。就丰富多彩的大千世界来说,你要享用它的方方面面,几生几世都享用不完。然而一个只知道享用的人,终将一事无成。从来没听说一个只会享用的人会成为一个出类拔萃的人。

A:是的,我们每天在"享用"中平淡地过着日子。

B:平淡是磨灭理想的钝刀子。人们说成功毁人,也有人说失败毁人。其实成功与失败在一个人生活中只占短暂的瞬间,组成人们生活99%的部分是平淡。每天同一个时间上班,同一个时间下班,干同样的工作,看同样的网络内容,遇同样的难题,发同样的牢骚。即使一块棱角分明的石头,也会在奔流不息的时间长河中通过平淡的冲刷,被打磨成四面光滑的卵石。

A:那我们怎样才能克服平淡?

B:要克服平淡,就要敢于做难事,做自己没有做过的事。要敢于舍弃轻车熟路,敢于打破自我形成的固定节律,敢于把自己逼向墙角。只有这样,才能把我们从自己或环境营造的惯性和惰性中解脱出来。

A：确实如此。许多时候其实我们也知道做啥事是对的，比如看到路边的空饮水瓶也想去捡起来，可是看到大家都没捡，自己就觉得也别去出这个风头吧。

B：没错，所谓"做难事"既包括别人做不了的事，也包含别人不愿做的事。他做不了的难事你做了，是你的能力高出一头；他不愿做的好事你做了，是你的精神境界高出一头。

A：其实有时对自己说不要出风头，可能也是在为自己的不作为找借口。

B：是呀，做难事者必有所得。我们经常看到一些非常聪明的人没有发挥出应有的能量，最终没有在职场上取得"应该的成功"，往往是在躲开难事的精明计算之中，将自己变成了碌碌无为的人，终其一生，一无所得。

讨论　不经意间，人的素养信息被"泄露"了——

在身边的多数人行为举止没素养的时候，往往会有一些人敢于坚持让自己的行为不随俗。很多时候，大家怕自己吃亏，你翻越栏杆我也翻，你随地吐痰我也吐。可是万事总是需要有人带头，需要有人去开风气之先。

1. 请上网查一查本地开展"垃圾分类"的情况，这项活动进行中，有人执行到位，起到好的带头作用。对于这些带头人，你有什么看法？

2. 住户、游客，这些人是否也是某种意义上的职业人，他们的举止是否能反映他们在自己职业岗位上的状况？

3. 今后自己能独立坚持素养高的行为吗？

教学视频14
养花养习-了解植物根的分类，训练搜索信息能力

请与搭档对各自的答案进行讨论。

76

第三单元 积极　03

B课：积极的心态处理工作

傅云霞 供图

职场人整天面对的就是工作。尽管工作的岗位多种多样，但共同的要求就是时间紧、标准高，因为市场上大家都在拼着通过增加效率、压缩成本、提高质量去赢得客户。

所以工作的特点就是一句话——不会像遛马路那么轻松，而是总有一种上坡爬坎一般的压力感。在总是带着压力的工作面前，就要看你处理工作的方法和态度了。

首先要爬过的"坎儿"是你对工作的态度，也就是我们常说的"心态"。

某汽车股份公司的副总经理老严，多年来每天早晨都是7点半以前就到办公室上班，下午也很少能在晚上7点以前离开办公室。他分管企业多个重要领域的工作，其中销售方面的工作需要他时常去应酬，以至于许多当天要处理的文件，往往是他在应酬之后又回到办公室去处理的。因此他常常是在晚上11点钟才离开办公室。

在老严这家公司，许多高层领导都是"将工作当成家务一样"来看待，每完成一项工作就有一种释然的轻松感。而且他们的这种习惯是从一进企业就养成的，老严年轻时有的同事曾在下班后企业大门上锁的情况下，晚上翻过院墙到办公室画图，好将图纸早一点交给领导。

不管是克服困难把很难办的事情办好，还是勤奋敬业将特别琐碎的事务处理得井井有条，当你有

了积极的心态时,工作就变成一种生活的希望,一种不屈的精神象征,还会是一种获得成就过程中的享受。

在积极的心态下做工作,遇到难题就不会直接得出结论说"不行",因为通常至少可以尝试三种方法去处理,一种不行就去尝试另一种。等到三种路径都走不通了,再去向领导汇报讨主意。

有一位学生趁着寒暑假,学完了驾校的课程,顺利拿到了驾照。之后她在已开车多年的父亲亲自陪同下练车。有一次陪同女儿练车结束时,学生的父亲很开心地对她说:"你今天运气真不错,一路上居然没有碰到堵车!"

此话刚好被一位长者听到了,他告诉这位学生家长可不能用这种理念来带孩子练车。

因为如果家长觉得路上车少的情况是件好事,那么孩子就会对复杂路况、车况感到畏惧;如果他尽量让孩子到交通路况复杂的地方去练习,让孩子形成处理复杂路况的经验,才能在面对困难局面时心中有底,更重要的是可以让孩子培养出不怕困难的自信。

这位父亲觉得长者的分析很有道理。因为这一段时间他正有些不解:为什么女儿从刚拿到驾照时的开车劲头十足,变成越来越不愿意开车练习了?没想到正是自己在陪练时的不正确引导,让孩子的信心减弱了。

可见,积极心态的培养非常重要,有或是没有积极的心态,在工作中就会给自己带来两重天——一种是阳光灿烂的一天,另一种则是阴云密布的一天。

完全是两个世界的差距,只不过由你自己的起心动念来决定。

对话　永远不要用勉强的心态和面容接受任务

A:今天的课文说,我们每天的工作总是要爬坡过坎儿,而首先要过的坎儿就是自己的心态坎儿。我们面对领导交代比较有难度的任务时,怎样才能更好地越过自己心态的坎儿呢?

B:对于职业素养很高的人,心态的坎儿是比较容易过的,因为他们知道交给自己困难的任务,是领导对自己的信任。任务完成好了,可以提升自己能力;如果想尽办法也没能完成任务,那也是替单位进行了有益的探索,同时还增加了自己的阅历和经验。

第三单元
积 极
03

A：是的，这么一算账真的是做难事总有所得。可是对于我们这种平常没想过做难事能带来好处的人，有没有简单的办法来调整自己的心态呢？

B：很简单，记住一句"秘诀"——坚持做到"永远不要用勉强的心态和面容接受任务"。

A：这么说倒是很简单。具体怎么来应用这句"秘诀"呢？

B：平常可以想一想，自己在工作中是否经常能意识到要去主动担责，面对错误是否主动反省自己？如果能经常做到，就应该保持下去；如果以往没有注意到这一点，就要时常提醒一下自己：不愿担责的"溜肩膀"不是职业人应有的形象，要做一个有担当的人！这样，再遇到困难时就会容易过心"坎儿"了。

A：其实，坚持按你说的做下去，我们就可以将永远不用勉强的心态和面容接受任务的意识，变成自己的行为习惯。

B：确实是这样。做一个有担当的人，往往开始时并不一定有很坚定的信心，也许还会遭遇一些挫折，但只要坚持，就会有收获。不论是收获了经验还是教训，逐渐就会让自己成长起来，变成有担当的人。

所以从今天开始，要意识到：

第一，大家遇到的困难，有自己一份。

第二，集体出现的错误，有自己一份。

第三，自己的能力和智慧，应该通过承担责任发挥出来。

讨论 你认识到"我变了,世界就变了"的道理,经常用"非常乐意"的心态接受任务吗?

尽管所有领导都希望下属能够用"非常乐意"的心态来接受看起来不容易的任务,但许多人还是会用疑惑、为难(脸色显得不情愿)等心态来勉强接受任务,有的甚至是拒绝接受;有的人虽然接受了任务,背后却发牢骚,并不去想办法积极解决工作中的困难,结果将领导交办的任务搞砸了。其实,当人们在工作中用积极心态接受任务时,任务看起来也会变得轻松。所以有人说:"我变了,世界就变了!"

在你经历"接受任务"的过程中,最成功的是哪一次,最失败的又是哪件事?

_____

事后想过怎样做可以更好吗?

_____

请与搭档对各自的答案进行讨论。

教学视频15
养花养习－分享养花感悟,
体会生命价值

8 积极与人沟通

第三单元
积 极
03

A课：积极沟通——铺设职场成长与成功之路

中国人几十年来，一直在用一句朴实的话讲致富的口诀："要想富，先修路"。凡是路修通了的、修得好的地方，经济发展的确比别的地方快。

职场人每天工作上的每件事，往往都是需要和人打交道，也就是——要和人合作才能完成。

要想和人合作好，显然就需要与人沟通好。

这种沟通关系，就相当于你要往合作者那里修一条路，只不过这条路是"无形的"，是"感觉上"的。并且，修这样的路不需要像修实体路那样花钱费力，只需要掌握好心态与技巧就行了。

宋凝 绘

（当然，也可以理解成是挖一条沟到对方那里——让你和对方通过这条"沟"来交流态度和信息，这也是"沟通"本来的含义。）

关于沟通心态，最基本的要求就是诚恳，就是要尊重对方。

诚恳与尊重就是你修到对方门前的路基。如果你没有诚恳与尊重，就相当于你到对方那里还是沟壑纵横、杂草丛生；如果你的诚意与尊重不多，则意味着你到对方的路基是泥土的，遇到刮风下雨就容易出问题。只有当你的诚意与尊重到了一定程度，才会产生类似结实的混凝土一般的路基，那时不管刮风下雨，你开过去的车辆装载多么沉重的货物，路基也都承受得住。

在与别人沟通中，诚恳与尊重主要通过以下三条来体现。

第一条，要主动去发现应该与对方交流的课题和问题。

第二条，要始终尊重对方，只要事情没能得到对方很好的理解和支持，就一直用平和、积极的心态去应对，即便最后沟通失败，也友好相处而绝不气急败坏。

第三条，与对方共同努力，设身处地为对方着想。特别是只与对方进行思想导向和工作方法的交流，不要将沟通的问题归结为对方的人品问题，不要使用过于犀利的措辞，不让对方感到人格尊严受到冒犯。暂时沟通不了的事情，若非紧急情况，可以留待以后再逐步进行。

沟通技巧则相当于铺设在路基之上的路面，路面的好坏对沟通"车辆"的顺利运行也至关重要。具体来说，沟通技巧在两种状态下应分别按"三部曲"来进行。

第一种状态是"对方找过来"。那么：第一步是"倾听"——哪怕是对方以气急败坏的态度对你，你也应该以亲切或认真的态度倾听对方讲完话；第二步是"肯定"——肯定对方所讲出的合理方面；第三步是"提出"——提出对方所讲内容中值得商榷的地方，双方由此进入讨论。

第二种状态是"已方找过去"。那么：第一步是"赞扬"——赞扬对方最近值得赞美的地方；第二步是"商榷"——商榷对方可能给工作和别人造成困扰的问题；第三步是"建议"——建议相应的解决问题方法，双方由此进入讨论。

如果你没能将对方的注意力引入共同解决问题的状态，则他的注意力可能会放在你的身上，想着怎样来对付你，而不是想着你所期望解决的问题；当大家可以心平气和地讨论问题的时候，双方就共同将力量用来解决同一个问题了。

可见，积极沟通是通过自己铺设的路，额外获得了别人帮助的力量。

如果助你的人多起来，走向成功当然更容易了！

对话　单位里的"面容友好度"为什么值得关注？

A：积极有效的沟通是能够获得别人助力的"吸星大法"，是走向成功的重要加力器。可我们在日常的工作和生活中，对所有人都去修一条"混凝土一样坚实的沟通路基"，是不是太累了？

B：沟通的"坚实路基"其实只要修一条，在你的心里或者说在你的行为习惯里，只要对任何人都保持诚恳和尊重的态度就可以了。有的时候，你的诚恳和尊重对于有些品德和修养不高的人，可能还不会被认可，甚至有人会认为你好欺负。这种情况下，你可以坦然地切断与对方的沟通，他的问题自然也就让人看得清楚了。所以，只要自己做好就好。

第三单元
积 极 03

 A：课文中所讲的两种情况下的沟通技巧，需要大家坐下来才能用得上吧？

 B：只要有沟通的状态存在，就会用得上沟通技巧，而工作中随时随处都会有沟通。比如，在开会的场合——这是更大、更正式的沟通形式，同样需要主持者与参会者都拥有积极的心态。主持人要按照"己方找过去"的程序来展开会议，将重点要解决的问题放在"商榷"阶段提出来。参会者则要按照"对方找过来"的程序，第一重要的就是"以亲切或认真的态度倾听对方讲完话"。

 A：如果我只是一位普通的参会者，反正开会的人很多，领导在台上讲话又不是针对我一个人的，所以我出不出席会议、在会上表情认真不认真，这些都无关紧要吧？

 B：不，这就违反了双方沟通的原则。领导开会其实是将对每个人的沟通合并到一起来进行，所以开会也相当于领导在和你进行一对一的沟通，你此时的态度也决定了你从这次"会议沟通"中所能获得的成果。

 A：如果会议也需要按沟通原则来对待，那么比会议更大、更加普遍的是大家在单位里的日常见面，也适用沟通原则吗？

 B：其实每一次见面都是一次沟通。熟悉的人相互问声好；不熟悉的人点一下头，或者一个微笑，就将自己的善意传达给了对方。这都是非常有效的沟通。

 A：这么说，工作单位里每个人的面容都反映出这个单位的沟通效果？

 B：是的。从一个单位有多少人在通常状态下保持微笑和善意的面孔，就能判断一个单位是不是很有活力，是不是有很多困难。为什么？主要的依据就是沟通的能力和成果，都会呈现在人们的脸上。一个单位的活力和克服困难的能力，首先来自内部的沟通顺畅，而沟通顺畅了，平常每个人保持在脸上的笑容和善意就会很多。这是人们发自内心的自信。

 A：明白了。这也是一些优秀的服务单位坚持培养自己的工作人员，见到客户一定热情打招呼的原因之一吧？

 B：说得对！因为这会让员工将对单位的信心传导给客户，让客户从见到单位的第一位工作人员开始，就树立起接受本单位服务的信心。

 **关于"面容友好度"的原因与调查**

　　"面容友好度"反映了人的满意、善意和自信程度,一个单位面容友好度高的人较多,这个单位的状况一定较好;反之,一个单位里人们平常总是愁眉苦脸,见面也爱答不理,那么这个单位的状况肯定是堪忧的。

　　"面容友好"是可以相互传染的,是可以通过教育和有意识的提醒而改进的。

　　1. 课堂讨论:自己平常注意到了要保持"面容友好"吗?你觉得周围的人如果做不到面容友好,原因会是哪些?

_____

_____

_____

　　请与搭档对各自的答案进行讨论。

　　2. 课后实践:同学们分成几组对本单位上下班时的大门口、操场等人流集中的公共场所进行观察,记录下人们的面容友好度(按"友好""无表情""不友好"三类分级),并进行统计分析,提交一份报告。

_____

_____

_____

教学视频16
养花养习—交流养花日志,
养成记录习惯

B课：主动与领导沟通，主动帮人搭把手

广州一家大医院的急诊科护士许川徽，因为一次偶然的机会得到一位长者在为人处世方面传授的许多经验，其中有两点是他从来没有意识到的。他感觉经这位长者点拨之后，仿佛一语惊醒梦中人，使他在接下来的工作中收获颇多。

以下是他所记录的经过与感悟。

> 第一条：多敲领导门，事业自然成。
>
> 这里所讲的并不是溜须拍马、送礼走后门那些俗气的敲门，而是就工作与领导通过面对面交谈，了解自己在工作中的不足，从而及时地学习改进，通过一段时间的工作检验之后再去敲领导的门，反馈效果。如此反复，便能取得快速而长足的进步。
>
> 与长者交谈后不久，我便遇到了一件烦心事。中山大学有一个中德合办的造口师的顶级培训班，我一直想去学习，如今终于符合了5年以上临床工作经验的报名条件，我便去向领导申请能够给我这一进修的机会。但领导的意思是如果去学习了，以后就不能再留在急诊科工作，我激昂的斗志和信心一下子降到冰点。
>
> 我花自己的时间、用自己的钱去学习，凭什么不批准；为什么其他人可以去进修学习，我就不可以……
>
> 一时间觉得自己委屈极了，心里对领导也特别有意见！
>
> 此时，我想起了那位长者关于"多敲领导门"的叮嘱，就找到领导进行了一个多小时的深入交流。我向她表达了想要获得更多学习锻炼机会的想法，这也是工作五年来第一次向她表达这样的意思。她也详细解释了不建议我参加这次学习的原因，首先，我选择的造口师不是急诊专业的重点方向。其次，科室的发展需要我们这些本科生来带动，她还是非常看好我在本专业的发展前景的。经过交谈，我们彼此都了解了对方心中的真实想法，顿时我豁然开朗，当场向她表达了做好本专业的决心。

自此以后，在工作和学习上，我都得到了比以往更多的机会。各项医疗保障、培训学习等都有了我的身影，科室的QC项目也交由我来负责。年底，当我提出在职进修医务管理研究生的请求时，也因得到领导支持而顺利入学。

于是我想，要是早些年就知道可以这样和领导沟通就好了。

3年前，我刚转岗到急诊抢救室，业务不熟练，经常被领导当面指责训话，几次下来心中便产生了强烈的抵触情绪，怨气在心中积聚了好几个月，路上遇到领导都想避开，甚至有过离职的冲动。

虽说后来随着对工作越来越熟悉，心态也慢慢调整过来，但毕竟还是战战兢兢了好几个月，工作水平也停滞了好几个月。如今回过头来看，领导的批评指责是想让我尽快进步，由于不懂主动找领导沟通，还耿耿于怀那么久，真是好像走进了死胡同。

如果当时真的转不过这个弯离职了，现在那么多的工作机会不就成了泡影吗？

第二条：厚德载物，吃亏是福。

那位长者还教给我理解"厚德载物"这个词，就是与别人打交道时一定要考虑到别人的利益自己才感到心安，这就是"厚德"，因为做到这一点别人就会给我们更多的机会，从而让我们的事业发展更加顺利，这就是"载物"。我后来就将它化为简单的四个字"吃亏是福"。

临床护理工作是相当繁杂的，国内目前主要还是女性来承担这些工作。女性心细，工作认真，有时细小的人际关系也会让她们很在意。自己在"女人堆"里泡了几年，难免沾上一些爱计较、爱评价别人的不良习惯。

懂得了"吃亏是福"的道理之后，我就努力去践行。自己工作完成了，我会经常帮助别人，不再像以前那样"各人自扫门前雪，哪管他人瓦上霜"。有些别人不愿意去做的操作我也尽量承担下来，不像以前那样"你躲？我比你躲得还快！"

平常对待病人我做得比以前更好，解释病情的时候尽量耐心细致一点，指路的时候尽量说得清楚明白一点，对于病人的不理解尽量心平气和地向他解释，遇到一些行动不便的老人我也会主动帮他们做一些，譬如缴费拿药之类力所能及的事情。在以前我是没有意识做这些事情的，因为觉得这样做我就"吃亏"了。

神奇的是，当我怀着"吃亏是福"的理念去"吃亏"的时候，我却并没有真正吃亏，相反我得到了更多。由于不计"吃亏"去帮助同事，我的业务水平有了明显提高，人际关系也更好了，大家都乐意跟我搭班，觉得踏实，真正抢救起病人来也淡定许多，工作效率也更高了。

由于不计"吃亏"去帮助患者，患者就会有一种很踏实的心境表现出来，这在以往是不易体察出来的，有时还能得到他们一句衷心的"谢谢！"

虽说这些收获不会与奖金工资挂钩，但却使我有了更多的职业荣耀感。

第三单元 积极

向陌生人求助10元钱

沟通是一切工作的起点，也是建立信任的开始。效率很高的沟通，大多是在销售事件中，因为被沟通方本身存在购买的需求，沟通是有效地将其需求发掘出来变成购买行动的途径。请求别人无偿资助，往往是最难成功的沟通，当然也是最能检验沟通能力、最能锻炼人的实践。

有愿意接受挑战的同学，可以结成两人一组，到社会上去进行一次挑战性的沟通。

具体要求：

A. 向陌生人请求资助10元钱（请求对象不能是熟悉的人，但可以找多个人求助）。

B. 在征得被请求方同意后，应由同行者将资助过程用手机拍下来作为佐证。

C. 必须诚实向被请求方说明情况（不能编造不实信息）。

D. 写出关于此次沟通结果（不论是成是败）的心得总结。

教学视频17
向周围人表达友好和善意

9 积极承担责任

A课："溜肩膀"不是职业人应有的形象

  1912年4月10日，当时世界上最大的蒸汽客轮、号称"永不沉没"的泰坦尼克号，从英国的南安普顿港出发开始它的第一次航行，穿越大西洋，目的地是美国的纽约。4天后的深夜，泰坦尼克号撞上冰山，1500多名乘客葬身海底。

  100多年来，人们研究了各种各样可以避免泰坦尼克号撞上冰山的可能，其中最后的一个细节是——瞭望员弗利特发现远处有"两张桌子大小的黑影，并以很快的速度变大"。他迅速敲了三下驾驶台的警钟，并抓起电话报告："正前方有冰山！"

  接到报警的驾驶人员立即采取措施，泰坦尼克号开始向左舷侧改向，但为时太晚，冰山还是……

第三单元 积极 03

至今人们都在惋惜，"船已转向"，也许再给一两分钟的时间，泰坦尼克号就可以避开了！

为什么没有早一两分钟发现这座冰山？特别是当听说瞭望员是用肉眼进行的观测，他们会惊问：难道那时还没有发明望远镜？

回答是，当时望远镜不仅已经问世300年了，而且泰坦尼克号也给瞭望员配备了望远镜，可是历史上的调查结论留给我们的是这样两种说法：

"由于船员忘记带上望远镜，瞭望员不得不用肉眼观测海面情况"！

"望远镜锁在一个柜子里，管钥匙的人在开船前被换下，匆忙之中忘记转交钥匙"！

再回到发现冰山后轮船来不及避让的问题上，为什么轮船在夜间还坚持快速度航行？历史记录的答案是：

"泰坦尼克号船东公司的一位董事当时正在船上，他要求船长在驶入冰山区域时，继续保持原速前进"！

从沉没的泰坦尼克号上打捞上来的望远镜

即使没有望远镜，即使以原速行驶，在更早的时候泰坦尼克号也有机会发现冰山。

就在泰坦尼克号撞上冰山之前45分钟，有一艘名叫加州人号的轮船在距离不远的冰场前抛锚过夜，并用无线电向所有路过的船只发出"有冰山"的警报，但这条无线电讯号抵达泰坦尼克号时，泰坦尼克号报务员的回答却是：

"勿骚扰！住口吧！你已经干扰我的讯号了！我正在向瑞斯角发电报！"

……

回忆泰坦尼克号撞上冰山之前这3个关键的错误，每一个都可以回问到"职业人在岗位上怎样积极承担责任"这样的课题。

望远镜没被带上船，或者是没有移交钥匙，在这个最开始的错误中，当事人如果想到这等于近视眼忘记戴眼镜出门了，是事关航行安全的"天大事"，理应将这摆在最重要的位置，怎么也不会忘记。

即便在后来的航行中发现没有望远镜，瞭望员也应该将这一重要问题向船长直接报告。如果这样做了，那么船长再听到夜间在冰场区域保持原速行驶的要求时，也会多一个反对的理由。

当然，船长对轮船拥有绝对管理权，这在西方航运业早已成为惯例，船公司的股东关于"保持原速"的要求，对于泰坦尼克号船长来说本可以不起任何效力的。即便不知道望远镜不见的信息，船长也应该考虑到安全因素而减速。

至于泰坦尼克号忙着向瑞斯角发报（实际上是替船上的富人发出的股票交易电报，可以收取很高的发报费用）而拒收冰山报告的事件，则是因为收发报双方都有责任不到位的问题。发报方没有使用重要警示性的语气:"注意,前面有冰山",而是漫不经心地用了这样的开头:"你们应该知道加州人号可是因为冰山而停航的"。

被股票电报忙得不可开交的收报人将其当成了无关紧要的普通电报,并且斥责了发报方。而发报方也就没有再坚持,关掉电报机睡大觉去了,以致当泰坦尼克号一遍又一遍发出求救电报,很远处的轮船都赶来救援,唯独仅距18海里的加州人号没有任何反应。

……

百年过后,人们对当时造成泰坦尼克号灾难在最后阶段的几大错误,已看得很清楚,考虑到他们有些人还在遇难者之列,加上当时管理和技术方面的局限,对当事人的责难已经归于平息。

但在工作中,职业人不愿多担一点责任的"溜肩膀"现象(肩膀像山坡,没有挑起担子的肩窝),却从来就没有断绝过。

在时下的中国,有职业素养的职业人应该极度鄙视工作上的"溜肩膀",做到积极承担责任,决不让问题和危机从自己身边溜过去!

《泰坦尼克号》电影剧照

第三单元 积极 03

对话 积极承担责任，既能得到别人认可，又能提升自己功力

A：宏观上看，我们的社会是由各个企业、机构、个人提供的各种产品和服务，让我们得以生活和生存的；而每个提供产品和服务的一方，本身又需要购买劳动力替它工作。作为职场人，就好像有两个角色身份不好统一对待的问题：到底是从为社会提供服务的高度来要求自己，还是从向雇主出售劳动的角度来计算价钱？

B：这是一个很有哲学意味又很有现实意义的问题。它包含的两种身份，恰恰准确地说明了一个职场人是两种角色定位：既要考虑自己在雇主那里怎样获得更高的劳动售价，又要考虑自己的劳动是对社会有影响的，是要考虑社会责任的。

A：是不是考虑社会责任，我就应该不要或少要薪水，而考虑向雇主出售劳动，我就应该多要薪水？

B：这种想法是错误的。如果不算上那些见义勇为、公益慈善的行为，社会绝大部分的交易都是有价进行的。职场人要获得的薪水，最终还是你的劳动成果由雇主在市场上出售，如果你的劳动成果售价高、受欢迎，就说明是对社会承担了更多的责任，雇主感受到了你带来的价值，自然就会倾向于给你加薪水。所以，体现社会责任的劳动成果是有利于社会、雇主和从业者三方的，社会责任与获得高薪也是不矛盾的。

A：可有的时候，雇主和从业者都不想或者不能生产出为社会欢迎的劳动成果，却想多得到收益，这怎么办呢？

B：有职业素养的人就根本不该这么想！因为这是不可持续的。在不考虑受社会欢迎、缺少社会价值的情况下，想得到不合理的利益，雇主就只能以次充好、坑蒙拐骗，从业者就只会急功近利、患得患失，结果被购买者（雇主被社会、从业者被雇主）所轻看或抛弃，空留自己成天在那里焦躁。

 A：这就是为什么本书一直提倡从业者要看十年后的长远结果、要积极承担责任的原因吗？

 B：是的。工作绝不是早市上买卖一把菜，每天都重新讨价还价，假如买主少付两毛钱，都要再抽回来两根菜心里才平衡。从业者如果带着这种心态，那每天根本就不可能谈积极承担工作的责任。真正的职场人，会用另一种心态来计算成功，他们通过长久的努力，通过积极承担责任，既赢得了社会和雇主的认可，又提升了自己的功力。

 A：同时就具备了获得更高薪水的本钱。

 B：理当如此！

第三单元
积 极
03

讨论　收发信息当中的责任意识

用手机发送和接收信息，是日常工作中的重要内容，在这看似微不足道的沟通过程中，也存在着责任意识，也体现着职业素养。

请对下列答案进行选择，之后与搭档讨论你选择的理由。

A. 碰到重要的事要向对方交代，一般是先打电话给对方，然后再将涉及的重要数据、名称、地址等以信息的方式发给对方。

应该采取（ ）　不应该采取（ ）

B. 收到对方信息，我会——

a. 心里有数，按照对方信息的内容去做就是了，不需要再给对方回复；

应该采取（ ）　不应该采取（ ）

b. 怕对方不知道我已看到信息，所以我会回复对方"收到"；

应该采取（ ）　不应该采取（ ）

c. 我不仅回复对方说收到信息了，还告知对方我的态度（即将怎样去对待其信息中所要求的东西，比如"马上去办""办完后马上回复"等）。

应该采取（ ）　不应该采取（ ）

教学视频18
欢迎有益的建议和善意的批评

B课:"我担责,所以我重要!"

现代企业运行的复杂程度越来越高,企业里的从业者也是来自天南海北,大家被企业集合在一起,为了企业的工作能够有序地进行,企业会给每人安排岗位、定下职责、规定流程。

这种工作的安排,并不保证企业能够完美运行。可以说,进行工作岗位的分工,是现代企业运行的最低要求,是让人在被动的管理下完成企业运行所必须进行的常态工作。

在常态的运行中,企业又天天都会遇到各种临时的变动和挑战。比如,原材料短缺了,客户提出新要求了,设备出问题了,管理法规变化了,某一岗位人员请假或离职了,等等。

有时这些临时变化可能就会导致企业的重大灾难(比如像泰坦尼克号那样),有时临时变化只是企业要调整管理思路(比如,领导突然提出一项此前没有的规定:"地面上不能有烟头"),作为职业人应该如何应对呢?

唯一需要的就是从业者能够"积极主动去承担责任",特别是去承担可能原先规定不属于自己岗位的责任。

——这怎么可能?原先的事情都累死我了,还让我主动担责?

这里所讲的主动担责,并不是让一个岗位的人去干根本干不了的活,而只是要每个人从企业的全局去考虑问题。

——从企业全局去考虑问题?那不是老板们做的事吗?

是的,所有员工在遇到问题时都能像老板一样去判断如何处理,那么这个企业的运行就一定可以达到完美。

老板式思考要遵循的三项原则如下。

第一,这是我的企业。

第二,大家都在为我工作,我要善待每一个人。

第三,我是公司的老板,我要对所有想到、看到和接触到的事情百分之百负责,我要对所有不足马上改进!

当然,优秀的老板才是这样思考的。而公司每一位员工如果都能这样去善待每个人,公司肯定是

第三单元 积极 03

到处如沐春风，企业的"面容友好度"绝对是百分之百；每个人都想着去对所有的不足马上改进，肯定不会再有客户的问题得不到解决的现象，客户满意度不断提高，新的产品持续推出，并且产品的质量会让人称羡。

这就是每个人都积极承担责任而出现的成果。

"我担责，所以我重要！"如果你是个积极承担责任的人，那么你就是一个有老板意识的人，你在企业里的重要性就会逐渐加强；那些碰到问题视而不见，碰到障碍躲着走的人，注定只能在工作中被边缘化，即便不会被企业辞退，也会成为企业中无足轻重的一员。

对话　为什么有人觉得工作上偷懒会让自己痛苦不堪？

A：有一位老地质队员出版了40多年前的工作笔记，在书中他说良知不允许自己在工作中偷懒，"否则我将痛苦不可释"！应该说这是职业人一种至高境界的积极工作态度吧？

B：这种境界在那些成天想着多占一点便宜、少一些付出的人看来，简直是无法理解，更是无法做到的事。

A：从这位老地质队员的书中看到，他作为中国顶尖地质大学毕业的研究生，26岁时分配到偏远的地质测量队，参与祁连山地区以及临近的丘陵和沙漠数千平方公里的地质找矿工作。他最开始干的是淘砂员工作，关于这份工作，他在书中是这样描写的——

即使是夏天，淘洗重砂也不是件容易的事。祁连山的河水是冰川融化的雪水，透骨的凉！手在砂盘中浸泡，开始发白，过了几天手背的皮肤就皱了。先是大拇指开裂，裂口渐渐扩张，深度也在增加，鲜红鲜红的，有时还有渗出的血……若是不巧碰到石头，是一阵钻心的疼。

B：在这本书的作者年轻时，受到高等教育的人数还是极少的。有人说，那时一位中专毕业生在社会上的稀缺程度，可能都超过现在的研究生。可这位前辈以顶尖高校研究生毕业的身份，却能到高海拔、高寒、极为荒凉的地区从一位淘砂员干起，不仅毫无怨言，而且每天开心唱着歌，极其仔细认真地对待自己的工作。说实话，他那个淘砂员岗位的劳动量和艰苦程度，比现在建筑工地上干土建工作的农民工，有过之而无不及。

事实上，从书里还知道他大学期间一直患着肺结核病，是靠非常积极的心态和体育锻炼才扛过去的。他从不把自己当成病人，多次写血书要求去艰苦的西藏地区工作。

A：这位前辈工作的最初几年正是社会大动乱期间，兴许别人会把与他类似的经历写成是时代的悲剧、命运的悲怆。可他却在书中将这种经历当成自己特别珍贵的精神财富来描述，这种精神状态，是不是那个时代才有的？

B：时代的潮流虽然有不同，但不管是哪一代人，只要身上展现出高度的职业素养都是珍贵的。从书中我们可以看到，即便那是个人们只能更多地接受上级安排的工作甚至包括生活的年代，这位前辈所在的艰苦环境也是多数人不愿意长期坚持的。

他在书中写道——

从1969年1:20万祁连山幅（区域地质调查报告）开测到1975年结束，我们一个20人左右的分队，人员流动极大，先后有100多人在分队工作过。在如此恶劣的环境中，我是坚持到最后的少数几个人之一。

A：艰苦的环境下，坚持下来并且不偷懒地对待工作，应该说已经是很不容易的事了！

B：但是真正有职业素养的职业人，不会满足于每天守着摊子。"当一天和尚撞一天钟"一般把日子混过去，相对来说还是容易的。不容易的是，既坚守困难的岗位，心中还天天坚守着自己的理想，还努力不放弃一点一滴的时间，坚持学习提高自己。

这位地质前辈刚进入工作岗位时，就凭着从小养成的读书和学习习惯，给自己制定了只要有空闲时间就思考、记录、看书的学习计划。他在1974年4月28日的笔记中写了这样一句话："昨晚，8个人分两桌打扑克直到12点钟，唯我在烛光下孤坐，重新看了几篇鲁迅的散文，也到那时才睡。"

打扑克，还有其他的轻松娱乐方式，对于艰苦环境中工作的人也是一种慰藉。可是对于这位前辈来说，不如去学习更让自己感到舒服、踏实。如同他工作时的不偷懒一样，如果浪费时间不学习，他的内心也肯定将"痛苦不可释"。

第三单元 积极 03

A：正因为坚持一丝不苟地工作、坚持学习思考，使得这位前辈的进步很快。一年的淘砂员之后，他就担任了小组长，以后就做大组长，最后承担祁连山幅（矿产部分）的报告编写。后来，赶上改革开放重用德才兼备的知识分子，他又在短短的几年内接连被上级赏识提拔，由大组长成为地质队的副队长，再成为地质局的地矿处副处长。这样的成功会给人哪些启发？

B：第一，拥有远大理想；第二，一切都从最基础的地方做起（哪怕是再脏再累的环境）；第三，总是思考和学习怎样把工作做得更好、怎样让自己工作的能力再进一步。这三方面是他走向成功的最重要因素，也是开始时所问的问题——为什么他工作上偷懒会让自己痛苦不堪的答案。

这位前辈后来还担任了更高的职务，同样取得了令人瞩目的成就，但可以肯定的是，他最初的理想可能就是像李四光一样成为一位对国家和人民有重要贡献的地质科学家。后来的从政，虽然不是自己的初衷，但符合为国家和人民做出贡献的理想，所以他也是踏踏实实地学习和奉献。

我们普通职业人的理想可以没有这位前辈那样高远，但一定要有做出一番业绩、让单位业绩更好、让家人生活幸福的志向。怎样才能去实现呢？这位前辈的人生示范，加上本书成系列的职业素养修炼办法，可以说已经很全面，只要认真去做，就一定会有实现的那一天！

讨论　为什么会有这些现象？

现象一：电梯里的按键坏了，维修后换上的按键让人摸不着头脑（最高处是4楼的按键，可最低处本应是1楼的按键，却是"5楼"按键；两个并排向下的箭头的按键，原本应是"开电梯门"和"关电梯门"的按键，现在这样不知道怎样才能让电梯关门），这难道是保密单位的电梯，专门让那些外来人摸不着头脑，让他们根本就别想进入楼里搞破坏？

哈，这景象出现在某省会城市火车站附近一家住宅小区的电梯上。

现象二：这是北京一家电影院的座椅序号，"3"与"7"中间的本应该是"5"吧？现在却成了"15"。相信工作人员也不会故意去换上这个"15"椅套的，因为这种故意也是有些麻烦的，这对于以偷懒为"对待工作的常态"的从业者来说，也是划不来的。最可能的情况就是原来的"5"号椅套找不到了，"凑合"一个带有"5"字样的套上算了。

上述场景出现的场合，在生活中几乎随处可见，人们有时都到了熟视无睹的地步。为什么会出现这些现象，请试着揣摩具体工作人员在其中起了什么作用？

如果换作是你去执行这些，你会不会像他们一样？

如果不想搞成与他们一样的结果，你会怎么办？

教学视频19
遵规守矩，遇到红灯停一停

第四单元

谨 慎

10　好事中保持谨慎

11　善待与宽容他人

12　永远想着自己的职业声誉

10 好事中保持谨慎

A课：永远做好预案、检查、调整和善后

一位求职的毕业生接到面试通知，面试当天他提前到了面试单位，本以为这样做已经很主动了，但是面试经理的第一个问题就把他问倒了："对我们公司的基本状况都有哪些了解？"

毕业生心里犯嘀咕：我还没入职，怎么可能了解你们公司的基本状况？所以嘴上只能支吾着。面试经理看他这样，又问他对应聘的行业和岗位有什么认识，他说等到了工作岗位通过认真的学习，一定会很快熟悉从事的行业和岗位的，因为自己是一个特别敬业的人。

遗憾的是，面试经理不再提问，他也失去了在这家企业展示自己"敬业"的机会。

实际上，面试经理是在考察他是不是具有对事情做预案的习惯。如果有此习惯，这位毕业生一定会在面试前上网搜一搜这家企业的情况，即便找不到具体企业的信息，也能找到相关行业和岗位的介绍。毕业生将相关信息与自己的情况对照后，就可以预先设想自己如何与之相适应。

（实际上这也恰恰是一位敬业者应该在事前就去做的事。）

事前预案，可以将工作合理规划；合理的规划，可以让人心里有底，可以减少临阵磨枪带来的仓促、耗时。

中国人一直为有鲁迅而骄傲。鲁迅活了55岁，按照现在的规定还没到退休年龄，属于英年早逝。但鲁迅在30年间，写作和翻译了600多万字的作品，平均每年20万字，而且相当多是传世的作品。

一位作家一辈子如果能有20万字作品，在较大的范围内被人提及，那是很值得夸耀的事情；对于当下普通的从业者，如果每年能阅读20万字的名著或是专业著作，也是很值得赞扬的。

所以说鲁迅的成就是非常伟大的。他在世的时候，大家就恭维说鲁迅是天才。鲁迅回答说："哪里有天才！我是把别人喝咖啡的工夫都用在工作上了。"

鲁迅的思想深刻，文学修养也很深，这些都不是一

第四单元
谨 慎
04

般人所能具备的。但从工作和职业生涯的角度看，鲁迅的成功至少是他对自己每天的时间进行了严格管理。因为每年20万字的作品，每天只要写作550字——虽然鲁迅的作品中，有时一句话的分量可以超过别人的一部书；虽然这数百字的写作是以大量的阅读、思考作为前提，要花大量的时间，如果单从写作量来看并不算太多（以鲁迅的水平，连写带改，也许半天即可吧）。

可以想见，鲁迅虽然少了某些人"喝咖啡"的闲情逸致，但他每天坚持的不断写作，让他的工作节奏还是做到了从容不迫；而那些不做好时间分配管理去"喝咖啡"的人，要么"损失"了工作成就，要么就在喝咖啡之后被时间打乱了工作节奏。

除了"事前预案"，职业人还应该将"事中检查确认调整"和"事毕善后"修炼成自己的工作习惯。这些具有"谨慎"特质的工作方法，可以大大减少忙乱和出错的概率，提升职业技能，提高工作效率。

不断增加工资、增加假期，是社会提升人们生活水平的必然趋势。如今中国员工每年平均法定休息日125天，已超过全年时间的三分之一（还不包括婚假、产假等），企业要给予员工这些待遇（没有休假，也通过加班费付出成本），只有雇用能高效工作的员工。而有着"事前预案""事中检查确认调整"和"事毕善后"习惯的员工，才是企业最欢迎的人。

对话　**下班时，最能看出从业者的现场素养**

A：有人说下班之后你到现场看一看，就会知道这里领导者的工作到不到位，某一个岗位人员的现场素养如何。下班了，人都不在现场了，怎么还能看出来他的现场素质？

B：工作现场的工具是否整理过，该做好的记录是否认真填写，地面是否清洁，是否为第二天的工作做好了周到的准备，还有电源管理、安全管理（包括门窗是否锁闭）……这些都相当于学生在考卷上写下来的答案，它明确地反映现场管理者和岗位操作者对工作是否有爱心，是否谨慎地对待工作。

A：部队讲究查岗查哨，优秀的企业管理者也会经常进行突袭式的班后检查，尤其是那些生产型和建设型企业。这些也都可以看作管理者像学校老师一样，在课后批改学生的考卷吧。

B：所以有意识修炼自身职业素养的年轻人进入企业工作后，越是到下班的时刻越要沉着。

A：有条不紊地做好收工程序，是让一天的工作有一个美好的结束。有些企业可能由于管理水平不高，没有人来关注下班之后的现场，工作人员是否可以不做好工作收尾？

B：没有做不好现场管理还能很优秀的企业。电视新闻中常常曝光那些现场管理很乱的单位。日本有位让人敬佩的企业家稻盛和夫说过"企业处处有神明"，他说当你一人在岗位上工作时，不妨认为有位企业的守护神在上方看着你的一举一动，你做得马虎了他会动怒，你做得仔细了他会微笑赞许，时间长久了就会给你奖励。

A：就是说，每当下班离开现场的时候，不妨看一看自己一天工作的业绩和下班的收尾工作，是否能让头顶上那位无形的企业守护神满意。对吧？

B：完全对。

第四单元 谨慎 04

讨论练习：通过做事判断一个人的职业素养

某日，单位领导安排小李第二天早上开车去机场接客人，但第二天开车出发时，小李发现要开的车子油箱里面的油量不足，于是先去加油站加油。后来他紧赶慢赶总算没让客人在机场多等，如约接到了客人，只是客人上车时略微皱了一下眉，反应机灵的小李这才注意到自己开出来的车子好像有些脏。

请和搭档讨论一下，小李在这件事上反映出来的职业素养如何？

如果说有欠缺，主要问题在哪里？

教学视频20
会写感谢信

B课：练好慎独功夫，做好自我管理

我们一直都说职业素养是用来让我们每个人获得成长成功、生活幸福的。没错，职业素养确实可以达成这样的结果。但是职业素养通过什么途径来实现这样的成果呢？其实，它是通过对我们进行管理逐步实现自我的成长，收获别人对我们做人做事的认可，带给我们相应的社会资源，从而带来成功的感觉。

那么，自我管理最难之处在哪儿呢？

自我管理涉及人前与人后两个环境。人前，我们可能因为有别人在场，收敛起许多不足，展现积极美好的一面；人后，少了监督的目光，我们就可能随意起来，变得比在人前更加大胆，这时我们会更容易逾越底线了。

殊不知，人后的一切是人前的基础。人后严于律己，人前的君子形象才不会崩塌；人后刻苦努力，人前才能有才华学识的展现。所以古人认为，人在社会上立足的根本是修身，而修身的关键在"慎独"。2500年前的儒家著作《中庸》一书中就出现"慎独"一词。这里所讲的"慎独"，就是在别人看不见的时候，也能慎重行事。我们不仅干工作需要做到慎独，要处理好与他人的关系，首先也要做好自我管理。也就是我们通常说的"人前人后一个样"。

社会必然是靠一定的管理才能形成秩序。一个人即使不出门，也都会在社会各种规矩的管理之下。可以说，社会实际上就是由相互接受管理要求的人组成的群体。但是再好的管理制度和规矩，都要人去遵守才能有效。独处时最能显现出一个人的本性，一些不经意的小动作往往体现了一个人的素质，一些最微小的细节常常能够折射出一个人的灵魂。如果我们只是人前遵守制度，人后不管制度，单位里就会混乱不堪，社会也会邪气四起。在独处时，也能管理好自己，从内心要求自己去接受各种管理，这才是做人做到了高境界。

所以习近平总书记提出要坚持从小事小节上加强修养，从一点一滴中完善自己，严以修身，正心明道，防微杜渐。他说要做到四慎，慎独慎初慎微慎欲，培养和强化自我约束、自我控制的意识和能力，

第四单元 谨慎 04

管好自己的生活圈、交往圈、娱乐圈,在私底下、无人时、细微处更要如履薄冰、如临深渊,始终不放纵、不越轨、不逾矩,增强拒腐防变的免疫力。

慎独,有时候不仅在人后需要注意,扩展一点来看,当别人管不了你,你居于某一个范围内的权力高峰的时候,哪怕这个范围很小,比如说小到只是一个家庭,你能不能不去为所欲为。比如说腐败,往往就是有权者自以为可以为所欲为的结果,是典型的对权力慎独意识不够。

一个人是不是为所欲为,是不是能够管好自己,还可以看他讲不讲理,是不是总将问题归结成是别人的错。如果总是责骂他人,永远认为自己没有一点儿错,这样的人很难让人觉得他是慎独的。比如一位家长如果成天呵斥家里人,耍威风,找感觉,就是不讲理,就是缺少慎独意识和素养。

我们怎么才能将练好慎独功夫、做好自我管理的意识,变成以后的行为习惯呢?有慎独功夫的人,生活中一定是积极向上的形象,在职场上的口碑一定很好。最关键是,一要不贪便宜,这会让人感到一种油然而生的人格力量;二要不降低做人做事的标准,这会让你持续保持向前向上的精气神。

对话 当心无恶意甚至诚意的行为导致恶果!

A:乱扔矿泉水瓶等行为,属于个人行为上的小节,在职业素养教育中当然要摈弃这些毛病。有的时候,人们并无德行上的亏欠,更没有害人之心,可是他们的工作和行为却导致了伤害别人的恶果。许多人都常常为此而感到委屈,这种想法对吗?

B:在现代社会中,好心办出来的事未必一定对所有人或所有方面都有利,所谓"有利必有害",所以职业人应该时刻记住自己不论干何事,都要尽可能避免可能带来的对其他方面的伤害。比如,"建设性破坏"(通常主要指建设对环境造成的破坏和侵扰)就是一种常常需要警惕的事情。

A:但发展总是硬道理,建设总是要进行的呀?

B:是的,建设在中国还是很重要的任务,但是要有预防建设留下后遗症的谨慎意识。比如,经常有新闻报道说儿童掉到废弃的农田灌溉用机井中,社会各界的热心救援特别感人。其实,如果当初机井的用户在废弃机井时对其进行无害化处理和填埋,就不会出现这样的事。还有一种建围墙常见的现象,墙主总喜欢给墙头的栅栏装上金属尖头,似乎这样就能防住小偷。其实,真正的小偷是不可能被这点儿尖头挡住的,反而有报道说,有儿童因为翻墙进去捡球被刺中胸口。又比如,许多城市都在建防止行人乱穿马路的栅栏,可栅栏上部一个凹下去的部位已经导致多位倚靠上面的人因头颈被卡住窒息而亡。这些都是建设带来的无心之害!

A：在日常工作和生活中，类似这样需要谨慎的场合真是太多了！

 B：是呀。比如在自己家门前修一个台阶，就要考虑会不会给行人带来不便；装一台空调室外机，热风会不会吹着路人；开车会不会给环境造成污染；随意按一次喇叭会不会惊着别人。

 A：可现在网络病毒、电话诈骗甚至还有婚姻骗局，好像处处都存在"陷阱"，令人防不胜防。该怎样对待这些呢？诚信的职业素养是不是反而让我们更容易上当？

 B：个人生活虽不是职业，却是职业依托的基础，个人生活幸福也是从业者最主要的目的。本书绪论中就已指出，职业素养的体系模式是"行驶"和"车型"模式，这种模式的理论结构中包含"主动和被动安全"的理念。能否谨慎应对生活中的各种陷阱和冲突，显然也是一个人职业素养高低与否的体现。就如同汽车的档次越高、动力越强劲，配套的安全性能必然更高一样，诚信度越高的职业人也应修炼越高的谨慎素养。

 A：通常应该如何避免自己的诚意反而导致引来恶果的情况？

 B：第一，不要贪非分之财、存非分之想；第二，慎交友，以自己的高度诚信来体察和信任诚信之人（近君子，远小人，对于未经过长期考察者，听其言，观其行）；第三，坚持公平交易，能够自己完成的事情就坚持自己去办，能够市场解决的问题，通过支付公正的价格购买到合理的产品和服务的，就不要轻易托人找关系，这样可以使问题简单化。

第四单元 谨慎 04

讨论：是什么原因促使他们两人一个谨慎一个不够谨慎？

（1）小周是一位建筑包工头，在北京工作了二十多年，为人比较诚实，通常计算工程价格比别人要低一些，因而有不少老客户愿意与他合作。但是熟悉他的老客户都知道，他对工程质量从来抓得不紧，许多问题如果客户不提出要求改正，他总是耷拉着眼皮装作看不见，能糊弄就糊弄过去，所以技术要求稍高的活儿，他就很难接到手。

在开车时，他总是不想系安全带，有一次他因没系安全带被监控摄像拍下来而受到处罚，就一直懊恼说自己不知道那个监控摄像是何时装上的。别人说，你的安全带是为自己系的，不是为警察系的，为什么总是自己不主动系上呢？他每次都乐呵呵地说"对"，但转过脸似乎又忘了。

（2）小孟是一位策划公司的老板，他非常注意管理自己。例如，在外应酬，他特别注意不多喝酒。他常说"酒后无德"是很丢脸的事，所以每当感觉要喝多了，他就先到洗手间去将酒吐出来。有时实在是撑不过去喝多了，他会趁着清醒时将手机关掉，免得喝醉后给人乱打电话。

在开车这件事上，他一贯坚持酒后绝不开车，至于系安全带就更不用说了。他说开车不系上安全带，就像没穿衣服让他出门一样不可能。

请和搭档讨论，是什么促使他们两人一个谨慎一个不够谨慎的？

你碰到同样的事情，又是怎样对待的呢？

教学视频21
做事分清轻重缓急

11 善待与宽容他人

A课：善待与宽容他人——保存与增加自己的资源

很多人都觉得当下社会上有一股乖戾（别扭，不合情理）的氛围，不熟悉的人相见，好像对方前生欠了自己债，很难给人一副好脸色；人与人初到一起相处，将利益一直往前放，甚至放到笑容的前面（不见利益不开笑颜）；还有的人说脏话甚至动手伤人。

与这些无底线的乖戾举动比起来，如果我们对别人宽容一些，对人说话和颜悦色，碰到小事"得让人处且让人"，那会怎么样呢？

当然，首先应该为自己的宽厚和礼让点一个赞。同时应该坦白承认——我们因此也占了很多便宜！

第一，由于谦让宽厚，凡是打过交道的人都会留下好印象，遇到关键时刻会帮着说好话，有好事会被别人想到。好口碑是最高等级的信用证明。

第二，自己的心情不会被恶劣的语言和情绪所污染，风轻云淡，轻松度过每一天。

所以说，宽容与善待他人就是随时随处为自己储存"购买未来"的资金。

当然，在纯粹私人场合，宽容与善待他人好理解也容易做到，一般只要忍让和不计较对方即可。但如果是在工作上，他人对工作造成损害，甚至损公肥私呢？这时讲宽容与善待他人，绝不是将对方的缺点和错误放任不管，更不是利用企业的公共资源搞私下交易。如果这样做，不仅不会受人尊敬，还会遭人唾弃，因为这样会严重违背职业素养中的责任意识。

那么怎样做好"宽厚善待别人"，又不"放弃责任当老好人"呢？关键要把握两点：第一，过去

第四单元
谨 慎
04

的事，无论是好是坏，都要将它变成下一步工作与合作的"资源"；第二，将"做事的人"和"人做的事"分开对待，从做事人的立场出发，去分析"人做的事"哪些值得肯定、哪些需要改进，这样既能将工作的责任担当起来，又为"做事的人"找到了进步的路径和阶梯。

具体来说，就是对办错了的"坏事"——一定要吸取教训，追究原因和责任到底在哪儿；但是在分析与追究的过程中，一定要避免恶声相向，以和风细雨来沉稳对待。对于办得棒的"好事"——一定要表扬有功者，找出其中起正向作用的环节与人员，并在公开场合予以褒扬；同时一定要（私下里）思索不足，为以后的进一步提高找到出路。这样，你既坚守了职责，又宽厚善待了他人。

过去的事和合作过的人，必然都成为下一步开展工作的正向资源和资产。

（当然，在我们的生活和工作中一定会有一些品德低下的人，对于这些人，可以坚持大的原则，与其不能让人容忍的行为做斗争。）

对话　合作中出了问题，应该想到主要责任在己方

　A：在工作和交往中，往往会碰到本来很好的事，但由于对方的问题导致事情变得复杂起来，最后还搞得大家反目成仇。怎样处理双方合作中的问题？对于那些不好合作的对手又该怎么办呢？

　B：这是一个职场和生活中永恒的话题。对于这个问题只会有一个正确答案：错误就在于提出这个问题的人！

A：这话有些绝对吧？难道说经过法院判定是一方完全过错的，那没错的一方提起这件事，也说"错误"属于这一方吗？

B：是的，即便法院判定己方没错，但如果你还愤愤不平到处去说你和有错方合作的事，那么你就错了！

A：这样的判断，是不是有些不问青红皂白的劲头？

B：不是的。因为这里讲的已经不是合作者各自责任的对错，那些责任对错的处理只要按照法院的判定去执行就可以了。现在讲的是合作中做对的一方为什么会陷入这样一场错误的合作之中。在这场错误中，即便是对的一方，其实也一定有该把握好而没有把握好的错误。比如说，在合作之前为什么没有很好地判断这场合作和合作的对象，为什么不能对合作的进程进行很好的把握，以至于合作最后"翻了船"？这些问题都解决不了，难道不应该反躬自问己方的问题？

A：从反思的角度看，的确如此，这样有利于下一次合作中提高己方的判断和合作能力。如果能这样去想问题，也有利于自己，不会使自己总是怨气冲天。

B：的确如此。职业素养要求职业人应该主动承担原先规定不属于自己岗位的职责，那是一种不断提升自己在单位中重要性的职业意识，也是积极进步的心态。

在人与人之间的合作中，如果主动想着己方的不足与错误，主动去承担合作的责任，既可以消除自己的怨气，也可以坦诚争取对方的配合，避免将合作的"裂纹"进一步扩大。许多职场上发生的仇杀和激烈冲突，都是由于当事人在合作破裂过程中没有管控好自己情绪，任由双方负面情绪叠加的结果。而管控冲突情绪的良药，就是先检讨自己的失误和主动承担责任。即使这种检讨，对方可能根本不领情或者体察不到，那你的内心也应"做一做这道家庭作业题目"。这种谨慎的心态让你稳步，让你不会在执拗的情绪中失去理智、失去控制。

A：除此而外，是否还有其他正面影响？

B：有一种社会现象称为"来说是非者，就是是非人"。因为旁观者一时不会，甚至永远也不会搞清楚你们合作中到底谁是谁非，所以舆论往往会以"狗咬狗一嘴毛"的心态来看热闹。你越是对外抱怨越会损害自己形象。高明的职业人一般很少提及与人合作中的是与非，吃了亏也以"愿赌服输"的心态对待，吸取教训，心中有数。时间长了，有些人会逐渐明白真相，那会增加对你宽容善良的敬意；不明白和不理解的，也没必要解释。

第四单元 谨慎 04

练习　深度鞠躬训练

鞠躬，诚心诚意——心悦诚服地向别人鞠躬，会培养自己对别人的尊重，也会净化自己的心态，可以让自己养成关键时刻制怒的本事。

请按以下方法，互相搭档，练习鞠躬。

A. 练习双方面带微笑，男士双手下垂、伸直贴紧两腿外侧，女士双手在小腹前交叉相握，大家都两脚后跟收齐并拢、脚前端略分开、面对面站立。

B. 向对方弯腰90°，深情亲切、满脸诚意地向对方鞠躬。

C. 鞠躬开始前，先说一句鞠躬的理由，鞠躬下去后停留5秒钟再起身。鞠躬的理由分成两类：一类是说要向对方学习的地方；另一类是说自己不足的地方。

D. 每次练习鞠躬20个。

E. 绝对不许嘻嘻哈哈！如果有嘻哈打闹的不严肃行为，重新开始计数。

教学视频22
要求自己每天弯腰捡两次垃圾

111

B课：心生妒意是障碍——无法成全别人，也无法成全自己

年轻人一般都会有较强的好胜心，这种心态有正面作用也有负面作用。

正面的，是可以让年轻人不服输，努力克服困难，最终完成应尽的义务；负面的，在不能正确使用好胜心的情况下，可能对同伴、同事甚至是大街上偶遇的人，哪怕是一点点成功和开心，都怀有嫉妒之心。而心生妒意，是一种非常有害的心理活动。

例如在大街上开车，本应稍微踩一脚刹车就可以让行人横穿马路、让其他车辆并线行驶，可偏偏就要加油提速，哪怕是跑到前面去等红灯、堵车，也觉得自己刚才没有让人、让车是一种"获胜"。

在单位里，评选先进、提拔任职、到"光鲜"岗位等，可能已经有了意向人选，只要这个人选不是自己，心里就会泛起"凭什么是他？"的酸意，不管有没有机会，总要表达一番不满。其实，在工作上诸如评先进之类的事情，无法做到人人有份。如同走一个较窄的门，不可能两人一起走的情况下，就只能有先有后。如果能谦让别人先行一步，别人过后多数都会给你推着门，帮你也过去；相反，争着先过门，别人过去后还会来帮你吗？

现实中，常常有这种情况，一个单位两人闹着抢一个位置，最后两人谁也没抢着，领导只能从别处另请高明。也经常有一个单位陆陆续续成长起来很多人才的佳话。仔细考察就会发现，这里人与人之间互帮互助的氛围一定很好，妒忌之心在这里不会形成市场。所以，帮人即帮己，同理可知在嫉妒心的驱使下去阻挡别人，结果也就阻拦了自己。这就是为什么说妒意是无法成全别人也无法成全自己的双重障碍。

在人生道路上能谦让三分，就能天宽地阔。

朱慧卿 画

第四单元
谨 慎
04

对话　"谦和有礼"是来自怎样的内心原则？

A：在工作中讲究积极主动，在与人交往中要谦和有礼。两者似乎是一进一退的价值取向，进退得当，就会让人在职场上既充满朝气又赢得人气。怎样做到谦和有礼，这其中应该把握怎样的原则呢？

B：谦和有礼的人，能给人一种非常舒服和受到感染的感觉。谦和有礼虽然是表现在外表，但其根源却在人内心的价值观、知识层次与所受的训练，其中最重要的是价值观。一般地，谦和有礼者的内心都会有一个原则：尽量不给人添麻烦。

A：可否说谦和有礼者的内心，不仅去除了戾气、妒意，根本不可能在小事无原则的问题上去和别人闹纷争，还对自己要求很高，处处约束自己？

B：是的，所以才有"谦谦君子"这个词，谦和有礼者首先是一个克己待人的君子。

A：日常生活中怎样把握"尽量不给别人添麻烦"这个原则呢？

B：这是一个用心体会的事情。一般来说，在这个原则下开口说话，让别人把注意力转到自己这方面来，就要认识到这是打扰了人家原来的注意力方向。所以你开口的第一句话应该是："对不起！打扰一下，我想问……"而不能上来就是一句："哎，我问你……"这样就显得粗鲁了。

A：开口都是这样，那么事情结束时说"谢谢"是绝对少不了的了？

B：当然。在有些国家，人和人见面就要感谢鞠躬，临别道谢和鞠躬更是不能少的礼节，否则是十分失礼的。预约见面是对别人的尊重，按约定时间见面也是对对方的尊重。有的做得好的人为了不让对方感到自己是准时赴约的（这样好像赴约方很守时有理，会给对方带来压力），一般都是提前到达目的地附近，再比约定的时间晚3~5分钟去敲门。

在我们的日常生活中还有一种情况，有时别人开车送我们到目的地，被送的人往往下车就走，却不知道站在路边目送人家开车离开。

A：这是不是有点过于注重形式和虚礼了？

B：还是那句话，礼节是外在的形式，它反映的是个人的内在素养。此外，正如本书第二单元中所讲授的，一定形式的规矩也可以让人对一些原则保持敬意，从而不好意思突破原则界限。

113

 **练习** **开门礼让训练**

自己开门之后，发现别人跟在后面或者从对面走来也要过门，微笑地推着门等对方来接门，是一个很微小却很能表达善意的行为。

请按如下方法进行练习。

A. 5人一组，分别进行一次"跟在开门人后面""从开门人对面走来过门"的练习。

B. 每人相距5步开外，鱼贯而行。

C. 跟在开门人后面的练习中，开门人打开门之后，保持右手扶门不让其关上的姿态，微笑看着后面跟来的人；跟来者紧抢几步，一边嘴里说"谢谢"，一边接过来也用右手扶着门，同时让前面的开门者进门离开；开门者在将门交给接门者的同时嘴里回应说"不客气"，最后一位进门的人要将门轻轻关上。

D. 在有人从开门者对面走过来的练习中，开门者要一直手扶着门让从对面过来的人过去，自己再过去并关上门（过门者要逐一对扶门者道谢，扶门者应回应说"不客气"）。

教学视频23
给自己唱《职业素养之歌》

12 永远想着自己的职业声誉

A课：把住心门——不让恶习从嘴上、手中、脚下溜出去

别人对我们某件事进行指正，自己一听此事对自己不利，马上就回应人家一句话："没有啊！"

自己某件事情没做好，也没有可以否认的机会和余地，就解释说："主要是什么原因……"

做某样工作，按照规矩要有几道工序，时间长了，或者领导不在跟前了，就悄悄地减少工序，或者干脆将原先规定的事不干了。例如，有的餐厅规定服务员收拾桌子，要在将桌面的餐具收捡之后，先用清洁剂喷洒一遍，接着分别用湿毛巾、半干半湿毛巾、干毛巾各擦一遍桌面才算完工。可有的服务员只要一找到偷懒的机会，就在喷完清洁剂之后，直接用干毛巾一擦完事。

有位劳动与人力资源方面的专家记得曾在一家合资飞机制造公司看到的一幕：工人在给飞机机翼打铆钉，第一下打坏了，这个工人四下张望看没有人发现，就拿一个东西将打坏的地方给糊弄一下，重新给打上去（此后几十年，那位专家时不时就会想起那架飞机翅膀有一个打坏了铆钉的地方，不知道会不会成为空难事故的隐患）。

平常的工作环境中,你可能随时会经过这些不正常的现场:地上一摊油渍、一个没在规定位置上的零配件、一个烟头等,你会怎样去对待?

实际上,平时所流露的话语、所经过的事情,都是经过心这道门的。在"心门"里,职业素养就是阀门,来对经过你的嘴、手、脚的东西进行把关。所以通过你的嘴、手、脚的东西被处理好了,就证明你的职业素养高。虽说有些客观情况人力无法控制,根本无法将其"处理好",可从你的嘴、手、脚通过之后,是能够让人感觉到你将事情"处理好"的意愿和努力的,同样也能反映你有一定的职业素养。

所以,从"心门"开始把握自己的行为,决不让"随意抱怨、言行不一、偷工减料、偷奸耍滑、私下侵吞、不负责任"这些在工作中很容易出现的恶习从自己的嘴上、手中、脚下轻易地溜出去。

  口碑

最有效的资本是我们的信誉,它24小时不停为我们工作。

朱慧卿画

A:每个企业都会有一个名称,不少单位还会注册商标,在市场上不同单位的招牌或商标的价值相差很大,有的默默无闻,有的却价值连城。作为职业人,是不是也有一些无形的东西在职场上标示个人的价值呢?

B:标示职场人价值的一个是名气,还有一个是口碑。名气大的人,未必口碑好,而口碑往往是那些职场上较为接近的人士给出的评判。口碑的价值对于职业人是一个极其重要的指标。

第四单元
谨 慎
04

A：为什么这么说？

B：碑，在中国文化里本来就是承载非常重要的东西的——特别重要的信息要刻在石头上，用来起到广而告之的作用。例如，"里程碑"就是告诉人们从某地到此处有多少距离，后来还用在历史上把某一大的事件称为里程碑；"墓碑"，乍听起来似乎不吉利，其实人一辈子混出来的最后结果也就是这个东西；再就是各种各样的"纪念碑"，名目繁多，也无非是对一些重要事情的介绍。

A：在职场上，会有各种证书来证明我们的技能和成绩，还有用人单位的档案，这些还不够吗？

B：但比这些证书更重要的还是"口碑"！所谓"口碑"就是别人对你的评价。之所以叫"口碑"，是因为在职场上大家口中对你的评价，已经重要到与"碑"一样，人们特别相信"口碑"介绍出来的"你"。

A：可是对同一个人，每个人的评价可能都不一样呀？

B：虽然不可能每个人对你的评价都是一样的"好"或是一样的"坏"，但是会有一个"总体上"的评价结构，评价你是好的多、还是坏的多。"总体上的评价"就是某个人在某一时期、某一方面的口碑。

A：口碑还与实体状态的石碑有一点重要的不同，就是口碑是会变化的吧？

B：是的，随着你的表现不同、人家对你的了解不同，口碑会有不同的变化。也就是说，你原先口碑不错，但后来做得不怎么好，口碑就变差了；原先口碑差一些，通过你的努力和时间的检验，口碑又变好了。所以，人要时刻保持好的职业素养，努力为自己挣一份"好口碑"。

讨论　哪些场合需要具备一份"好口碑"？

"口碑"是本书反复提到的涉及职业素养的词汇，从第一单元的"诚信"篇中就提出，一直到第四单元的"谨慎"篇予以特别展开论述。如此多篇幅进行论述，逐渐引导大家对这个词所反映的"人们对某人职业素养好坏评价的重要性"进行认知，让大家通过日常对口碑的珍惜，来感知自己的职业素养已经被人认可了多少。

尝试进行分析，并与搭档进行交流：

自己过去碰到过的人和事，哪一件是靠口碑往前推进并取得成功的？

哪一件是因为口碑的问题没有实现最初设想的？

教学视频24
改善睡眠模式，保证睡眠时间

第四单元
谨 慎
04

B课：背后牢骚和传话，让人毁誉于一旦

何光远老先生多年前曾是机械工业部的老部长，他至今仍记得，多年前他访问一家德国压力机企业，看到那家企业的工人在组装压力机时，每一个螺钉、螺帽都要用手来摸一圈，看上面是不是有毛刺。老部长说："我们那时是做不到这样的。人家德国人，就是这样对待生产制造，甚至要发货之前的这个过程，对质量问题都是这么认真。"

《中国工业报》的前任总编辑杨青女士，听到老部长在不同场合多次讲到这个故事。为什么一位政府部长对一家企业产品出厂时工人擦拭毛刺的举动这么看重？杨总编辑认识到，这个以防用户被毛刺划伤的举动，是在用户根本看不到的情况下发生的，并且看起来微不足道的动作却被一丝不苟地完美地执行，这才是真正为用户着想，让人（包括中国的政府部长）感动。

其实在工作岗位上，同事之间、员工与单位之间也都是互为"用户"的关系，如果能背后也想着把

自己的言行"去掉毛刺"，也一定会让对方感动。可惜许多"背后"发生的事，却是职场上的一种顽疾，如果沾染上这种"背后习惯"，绝对会减损职业人的职业素养分值。这就是"背后牢骚"和"背后传话"。由于没有得到正确引导，很多人不知道"背后"的牢骚和传话是很负面、很危险的沟通方式之一，其危害程度堪比当面骂人。

1. 先说"背后牢骚"

碰到自己不愿意去干的事，对自己的收入和待遇不满意，不是想着通过努力改变工作岗位的面貌，不是指望通过业绩的提升来获得更多收入，也不是通过与领导正面沟通来得到领导首肯，而是私下里和别人发牢骚，有的还在自媒体上发泄不满。

可以说，很少有通过"背后牢骚"改善自己职场境遇的事例，多数情况下"背后牢骚"还会让自己陷入更加被动的境地。

119

2. 再说"背后传话"

如果知道了一些涉及别人隐私的事情或言论，正确的处理方法一般应该是按照"到我为止"的原则，不要再向他人传播（接受司法调查时除外），尤其是不会对工作和岗位造成损失的事（涉及工作岗位的事，则通过正面接触和引导当事方走正路），这样才不会使"闲话""是非"成为工作之外的干扰。

有的人不是这样，一听说有什么别人不知道的非工作信息，赶快四处散播，以显示自己有能耐、消息灵。其实，一旦"大嘴巴"的口碑挂到了背后，人格、诚信都将会大幅贬值。

对话　警惕单位里的非正常人际关系

A：工作单位的本质就是由"工作"与"工作"串起来的"人与人的关系"，比如工作上的上下级关系、左邻右舍的合作关系、上下游工序关系、与顾客的关系等，这些关系也应该算是工作中的一部分吧？

B：这些关系不仅是工作中的一部分，还是工作中很重要的一部分。要想处理好这些关系，关键要秉持忠于企业整体利益的原则，体现出自己的职业素养。既然有职业素养的人一定是将精力完全放在工作上的，同时也就应该集中注意力在人与人之间的"工作关系"上，与工作无关的人际关系尽量少涉及。

A：不可否认的是，由于脾气秉性的不同、历史渊源的关系、单位的企业文化的影响，还有职业素养的高低之差，每个单位都会或多或少存在一些诸如"小圈子"之类的非正常人际关系。怎样应对非正常的人际关系呢？

B：通常情况下，对于这类非正常人际关系不要太在意。因为任何一个正常运转的企业，都不会让这类关系影响到企业的正常运行；而企业本身在正常运行，也证明这类关系并未产生太大的破坏性。

第四单元
谨 慎
04

A：明白了，不要太怕这类关系。

B：需要强调的是，有职业素养的人一定是保持自己独立人格的。不去搞"拉帮结派""人身依附""同进同退"的小圈子，也不要搞"凡是圈子内的都是'赞'，凡是圈子外的都去'反'"。只要对企业和工作有利的都应该积极支持。如果暂时没有赋予自己重任，那就利用闲暇多修炼自己，多长自己的本事，没必要为此失去在单位工作的信心。当然更不要看哪个小圈子得势，就去搞"卖身投靠"，换得了一时的受重用，失去了人格却是为职业素养所不齿。

A：还有哪些非正常关系要注意呢？

B：还要提醒一下年轻人，在单位中两性之间的关系要正当、有分寸。有些单位的文化氛围低下，常常有人公开讲黄色笑话，有时甚至涉嫌性骚扰而不自知，还有人在单位发展非正当的两性关系，这些都要坚决杜绝。

讨论 你是怎么理解和应用"职场消气六大法"的？

在职场上，要想从不生气，轻松对待工作中的不如意，这是不可能的事情。平时经常或偶尔会因工作生闷气、怨气，按照职业素养中"谨慎"的要求，又不能背后发牢骚，那就只能在心里憋着吗？

一般来说，当自己心有怨气的时候，可以有如下六种处理方法。

A. 提醒自己，这是"遇到了无法马上解决的问题了""是对自己的一个新考验"，所以不能着急把情绪"放出来"。

B. "回去想想再说"，对自己这么说，如果别人在等着你的回答，你也对他这么说。

C. 坐下来（躺下来也行），冷静思考问题出在哪儿，是自己对事情的价值判断出了问题，还是其他方面出了问题，不妨运用一下SOWT分析法（见附录）。

D. 找那些比较清醒、有丰富人生和职场判断处理能力、可以信得过的人，让他们予以指教。

E. 以高的职业素养要求自己对待此事。

F. 相信一定可以找到克服怨气的办法，包括最后使用"愿赌服输"的认命法。因为只要你踏实下来，不抱怨命运的挫折，谁都不可能打败你！

请与搭档一起讨论你们认为上述办法中哪一条最好用？哪一条最不好把握？

教学视频25
阅读或聆听名人传

附录

可能的一天

——作为职业人的我,

　　需要具备的心态、举止、技能和需要遵守的规范

1 上班路上

职场人的素养，在我起床的时候就开始起作用了——

早晨事务与出门的素养

（1）早起！我不能让自己赖床，坚持早晨不躺床上上网看微博、微信和新闻。一定要安排好营养丰富（适合自己体质）的早餐，并确保有充足的用餐时间（提醒自己不要吃饭吧嗒嘴；与别人共同用餐时，夹菜尽量使用公筷）。

（2）出门前我要做到三检视。

A．检视一下自己的衣着是否干净得体；B．对着镜子观察面容，尤其要看牙齿是否有饭后余物，眼角是否干净；C．应该静站一分钟，想一下我当天的主要工作（正常情况下，应该在前一天下班时记录在自己的工作日志上），再确认一下当天工作需要的相关工具或资料之类的物品是否已经带齐。

（3）确认手机、钥匙等已随身携带，查看当天天气预报，正确穿衣和备好防护用品等。

（4）不论是否感到有需要，都去一趟卫生间，以避免在途中内急。

（5）带着微笑出门，并在内心告诉自己"要带着这份好心情回家"。

（6）利用公共交通上班，总可能会遇到出行高峰时段，所以把自己的出发时间尽量提前，确保至少提前20分钟到达工作岗位。

（7）走路时坚决不看手机；走在路上和非用餐的公共场合，我不能吃东西（更不能随手抛撒垃圾杂物）；走到路口，按交通信号灯指示行走。

（8）无论何时、何地，坚持礼让，以放松、友善的面孔示人，（除非紧急情况）不高声喧哗，只要遇到有两人以上的地方我就坚持排队办事，乘车先下后上。

（9）碰到有需要帮助者（在安全的前提下），我会主动上前帮助。我会主动学习急救所用的心肺功能复苏技能，出门时在包里装一瓶速效救心丸，以防碰到突发疾病者及时予以救助。

（10）尽可能不在乘车时阅读电子媒体。乘坐长途交通工具，以阅读纸质资料、书籍为宜，若观看电子影像，我应使用耳机，这样不会干扰别人。

（11）绝不做"飞闹""车闹"之类无素养之事；交涉合理的事务，我保持平静情绪和口吻，遇到蛮横无理之人也不与他计较（我绝不通过恶语和打架来解决矛盾和冲突）；确属重要的个人权益需要维护，我会通过正常申诉或法律渠道进行。

我希望（或许已经）拥有一辆私家车，对于它，我应该具备——

拥有车辆与开行车辆的素养

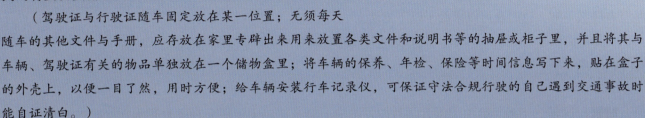

（1）对车辆证照的保管、车辆年审、车辆保险、车辆维修保养及车辆必备的防火、保洁用品等事务，我均有妥善安排。

（驾驶证与行驶证随车固定放在某一位置；无须每天随车的其他文件与手册，应存放在家里专辟出来用来放置各类文件和说明书等的抽屉或柜子里，并且将其与车辆、驾驶证有关的物品单独放在一个储物盒里；将车辆的保养、年检、保险等时间信息写下来，贴在盒子的外壳上，以便一目了然，用时方便；给车辆安装行车记录仪，可保证守法合规行驶的自己遇到交通事故时能自证清白。）

（2）如能使用公共交通工具，我尽可能不驾车前往目的地。

（3）车辆内不能吸烟，吸烟会造成车内异味，也会危害他人健康。不在车内存放可能被太阳暴晒而自燃的打火机等易燃易爆品。车内整洁无杂物，车辆外观洁净。

（4）驾车外出，我会事先对目的地和行驶线路进行研究。与其他车辆一起外出，与他人一起事先指定或推选出领队车辆和领队人，领队人要将大家召集到一起沟通目的地、行驶线路、车队的车辆序号、路上联络方式、紧急情况处理预案等。

（5）系好安全带（未系好安全带就开车出发的人，可能被认为是不太会主动遵守工作流程的人），同时我还会要求同车人都系安全带。

（6）开车时，我保持从容平静的心态，按限速要求、按顺序行车，尊重其他道路交通参与者（行人的路权最高，尽可能停车让过马路的行人先行，以示敬意）；礼让其他车辆行驶，显出自己素养；不到紧急情况下，不按喇叭；并线、转弯，一定预先打信号灯示意；非紧急情况我绝不进入应急车道行车。

（7）坚决不开窗抛物，更不往车外吐痰。

（8）路面出现紧急情况我会及时警示其他车辆并报警；必要和可能时，在确保自身安全的前提下，我积极参与救援事务；处理紧急情况要注意远离已经着火的车辆；在高速路上发生紧急情况或参与救援，我一定要预防可能导致后续车辆追尾的险情发生。

（9）不违章停车，不因为自己停车而造成别人不便；停车处如无统一规定，我会将车头冲外停放（这样出行时省时、方便）。

2 掌握三套工作法

到了单位,领导可能会让我为一项新业务预先调研,要求就此提出一个初步设想,可我对涉及的课题没有什么了解,这时我可以求教于以下方法。

SWOT分析法

背景: 这是三十多年前由美国大学教授发明的一套方法,主要用来在面对重大转变时进行科学的思考,是一种辅助性的决策工具。

职场人掌握SWOT分析法,用在工作中可以增强自己的科学判断能力,对于自己人生中一些重大事项的决策也会很有帮助。

概念: SWOT分析法也翻译成"态势分析法"或"优劣势分析法",4个大写的英文字母分别代表4个英文单词:S(Strengths)即优势,W(Weaknesses)即劣势,O(Opportunities)即机会,T(Threats)即威胁(挑战)。

使用方法: 这一分析思考的方法很简单,就是——

A. 把有关的各种正面和反面的因素(注意,是重要的那些因素),只要是与"想要干的事情"有关的,都找出来;

B. 将这些因素按照对想要去干的事是"优势""劣势""机会""威胁"的判断,分别填写到4个不同的方格里;

C. 将写好的表格逐一进行比较,最终会发现4个象限里的价值综合平衡以后,自己对"想要干的事情"是进还是退,就有了一个较为全面的判断。

领导们经过研究确定上马新的项目,为此指定组织一个新的团队,那么一个团队怎样才算是很好地进行了管理,一个人应该用怎样的姿态来对待企业的事情呢?我可以观察他们是否体现了实化管理法。

实化管理法

"老板化"。人人都应该认为自己是公司的老板(投资人和普通员工都要意识到这一点;国有企业的员工更应该有此意识)。人人都像一位勤勉而有责任心和同情心的老板一样,对公司的人和事务、效益彻彻底底地关心,对出现的问题实实在在去想办法解决。同时公司也从机制和体制上创造条件,让那些真正从老板角度看事和办事的人,有成为公司老板的机会;让那些对公司利益冷漠化的人远离集体。

"体验化"。一切要从人的体验出发。管理者的日常工作就是要抓住几个体验:客户接受服务时是否有好的体验;员工是否能体会客户的心理;领导是否能了解和把握员工的体验。将这几个环节的体验都按高标准去设定,工作就有了确定的目标。

"自动化"。不是专指机器的自动化,而是指人在工作时要时刻想着如何主动去进行下一项工作,通过对流程进行标准化规范后去实施,使得工作在一种不需要领导督促的情况下,自动自觉地按照最有效率的方式推进。

"弹性化"。就是根据客户与工作要求的紧急程度不同,工作人员及时调整自己的工作岗位和工作重点,从而保证客户与工作的及时需求。

"定制化"。管理者在安排工作、决定事情时,一定要按"5W1H"6方面,对事情进行周到的、有各项要求标准的"定制"。要讲明白"何时(When)""何地(Where)""何事(What)""何人(Who)""何因(Why)""怎么样(How)",让大家明白时间节点、标准要求。实行"定制化"就要反对那些"没有明确具体要求"的工作指示,比如"把工作做好""好好干"等空洞要求。

"共享化"。共享化是指在工作的集体大环境中共享信息资源。资源共享可以促进每个人在更加清晰、更加可靠、更加和谐的氛围中开展业务。"共享化"能够让每个人更开心、更有效地去工作。

"目视化"。安排工作之后,为了执行起来有依据,让人对执行的要求看得见、摸得着:小的事情在口头布置之后,再整理一下关键信息,给接受任务者发个短信;大的事情则要发通知,必要时还应该张贴出来。如此,时间长久记不清时,还可以进行查阅。在醒目处张贴的提示可以让人减少查阅的时间,还可随时进行对照,从而提高工作效率。

"兼职化"。有时工作是忙闲不均的,但只有让员工都在一定的节奏下持续不断地工作,才能保证高效率。要解决任务的不均衡与持续工作的矛盾,只有"兼职化",实行人员的"一人多职""一职多岗"。在业务集中的高峰时段,全员支援第一线;在对外业务低峰时,兼岗人员再回到自己的主岗位置处理不急的工作。

"少人化"。自动化、定制化、目视化和兼职化做好了，效率必然提高，必然就会做到"少人化"。这既是对企业先进管理模式的探索，又在一定程度上实现了企业的良性运转。

"高效化"。高效化既包括高效率的工作状态，又包括员工收入待遇的提高。实现"少人化"之后，公司不必将省下的人工费用都收回去，可以根据兼职者的付出与贡献，加给兼职员工，从而实现员工与企业的收益同步提高。由此，工作和收入的"高效化"也就同步实现了。

"团队化"。人心齐，泰山移。团队的力量无可比拟。在工作中，大家集思广益，心往一处想、劲往一处使，就没有克服不了的困难。对于一切有着与公司同甘共苦意愿的员工，即使能力欠缺，也应不抛弃、不放弃，让团队自觉地调整每个人的位置与能力，从而实现大家的提升与共同成长。

要提倡"团队化"，就要将一些关键任务指标的考核加给整个团队，让团队内部都认识到"自己不放弃，团队不抛弃"，就一定会获得整个团队的成功。

工作将会如何展开呢？可以向领导建议按"数""人""事"；"场""规""培"；"广""盯""考"的顺序来展开，这就是九字工作法。

九字工作法

"九字工作法"是将具体工作通过9个步骤，按照分解、展开、推进这3个环节，做到周到而完善的布置，从而实现工作绩效的持续提高。

（1）分解环节

"数"：工作的目标要用数据来规定和描述，各级、各岗位人员的工作，都用数据（关键数据KPI）来确定。

"人"：所有的事情都要落实到具体的人。如果某件事、某一环节没有确定的岗位和人员来承担，那么就是"空头支票"，就别指望有效地实现。

"事"：工作绩效是在一场场活动、一项项事务中产生出来的，不将工作目标的数据交给一个个具体的事情（活动）去"生产"，数据是不可能凭空实现的。

（数、人、事这三项是将工作目标确定下来的初始平台。）

（2）展开环节

"场"：是指现场。事情进展的好坏，客户的体验如何，就在现场。抓住现场，就会抓住事情的灵魂。

"规"：是指规矩，即工作的办事流程、操作规范。要办好事情，就要设计好工作现场与事情运作的规矩、流程与规范。不制定好（包括制定之后不断修正的）"规"，事情就会杂乱无章，扯皮不断，效率低下。

"培"：是指培训。培训的最主要内容是让每一位参与者都能熟练、准确地使用规矩、流程、规范，这样才能在工作时做到高效、有序。培训的力度大小、水平高低，决定了员工的素养高低，也决定了工作的水平。

（场、规、培这三项是将工作真正运转起来的基本步骤，是事情能够推动起来的主干部分。）

（3）推进环节

"广"：是指广而告之。事情的推动是要在对内和对外的场合广泛宣传，要让该知道的人都能入脑入心，让大家都把它当回事，才能人人注意它，大家才会有推动它或接受它的意识和态度。

"盯"：是指盯住不放。多数人是有天生惰性的，不去"盯"，大家就会懈怠，事情就会半途而废。

"考"：是指考核、考评。将工作结果与最初确定的目标数据相比较，奖优罚差，论功行赏，才会焕发持续的工作动力。

（广、盯、考，这三项是保证事情高效运行的辅助且不可或缺的重要手段。）

3 我应该体现的规范

在职场上,我的一举一动都会体现出自己的职业素养。因为安全是一切工作的前提,我首先应该按照下面的规范要求自己。

个人安全行为与突发事件处理的通用规范

(1)应对各项制度秉持敬畏之心,千万不能无视制度规定和安全警告,不可以强行跨越障碍等。

(2)应坚持对工作做好6S管理,对工作环境应保持敏锐的观察和反应习惯,凡是发现异常现象(垃圾与杂物存在,设备保养不到位,物品不当摆置,通道不畅通,有受水、电、火或其他灾害侵害的可能,不知情或无意者可能受扰等),均须主动自行对其进行整改;若超出自己力所能及的范围,应主动邀请别人帮助,或向上级反映以取得支持进行整改。

(3)在外出或工作时,均须秉持古训"孝子不立险地",不可以让自己处于不安全境地。对于领导安排的处于安全风险很大境地的工作,有权拒绝执行。

(4)发现他人进入或处于不安全境地,应主动劝阻或提醒其避险。如有事故发生,当有人的安全受到威胁、受伤或生命急需救助时,应在保证自己安全的同时主动施救。

(5)应熟悉住处和工作场所的逃生通道;关心工作场所的救火消防设施与装备是否完备和有效。对于有关安全的各项建设,应该保持绝对支持的态度,以身作则予以实行。

(6)应积极参加各种救灾演习,熟练掌握各种救灾器械的使用,对救火等事故抢险中个人的防护要领了然于胸。

(7)对于初起时的火灾事故,一要断电;二要报警;三要积极抢险;四要避险。当事故可能使自己陷入极大危险境地时,必须果断主动撤离。

(8)在工作区域不得吸烟(除吸烟室和指定位置外)。在任何情况下,都要将烟头完全熄灭后(用水浸湿,或碾压至完全无烟火的状态)再投入即便着火也肯定不会引起燃烧的烟灰缸或其他阻燃容器中。

(9)注意火源与火种管理,要做到自己离开后的各种情况下,火种、火源不会引起意外。

(10)夏季外出,进入河谷要防范山洪。

(11)作为职业人,要有随时处理危机的意识,当突然发生对社会、单位和个人有重大影响且必须迅速处理的事件时,我应该这样做——

第一,有关员工自身的突发事件:比如员工在工作场所晕倒、发生车祸、意外等突发事件,我如是知情人员应立即与上级主管、单位人事行政部门联系并报告当值的行政负责人,以便及时处理。

第二,有关社会或公司的灾害类突发事件:比如灾害、打架等,要立即报警、组织营救、周旋和通报上级。

第三，关于对本工作单位的重大投诉和各种有损公司利益的突发事件，我如是现场人员，有责任记录清楚、礼貌相待、及时上报，不能隐瞒上级，同时也不应该对外界随意表态。

在工作单位，我就是单位运行的一个环节，不管我的职位多低或多高，单位都希望我最好地发挥作用。"最好地"发挥作用，就是自己要遵守职务行为规范。

职务行为规范

（1）守法遵纪、诚实地履行自己的职责。

（2）维护工作单位利益是作为员工的义务和基本职责，不能从事、支持、纵容对公司有现实或潜在危害的行为。

（3）单位都会鼓励员工利用个人社会资源，广为宣传其使命、产品和服务项目。但未经授权，不能超越本职业务和职权范围开展经营活动。

（4）作为员工除本职业务外，未经上级领导授权批准，一般不能从事下列活动：以工作单位名义进行考察、谈判、签约；以工作单位名义提供担保、证明；以工作单位名义对新闻媒介发表意见、消息；代表工作单位出席公众活动。

（5）作为员工必须严格遵守工作单位的各项规章制度。工作单位都会鼓励员工按照规定的流程

充分发表个人意见，对本职工作或单位的经营管理行为提出合理化建议。对工作单位的规章制度及工作流程有意见时，应及时向领导和相关部门反映；但在修改相关条款并颁布之前，应严格执行原有制度。

（6）遵循管理流程是员工的基本职责。遇有特殊情况，可以越级汇报和请示，但领导安排事务与处理问题还是可能会按照管理职级与流程来进行。遇到工作职责交叉或模糊的事项，应以工作单位利益为重，勇于承担责任，主动协调配合，推动工作完成。在紧急和重要情形下，不应该以分工不清为由推却工作、推卸责任。

（7）工作单位都会严禁员工超出授权范围，对业务关联或合作单位做出书面或口头承诺。应实事求是地对工作做出计划和承诺，并确保兑现。如客观情况或条件发生重大变化，可按照规定流程提出调整、变更申请，但在做出调整、变更决定前，仍以原定目标和指标为标准。

（8）未经批准，不能将工作单位的资金、房产、设备等资产和资源，擅自赠予、转让、出租、出借、抵押给其他单位或个人。

（9）不可以翻动他人的财物，更不可以将他人与公司财物据为己有。

（10）因工作和职务关系，所创造、获取的商业和客户资源、技术和产品信息、营销和管理成果等，所有者权益应该全部归工作单位所有。

（11）工作单位有权对我使用的单位财产和资源进行常规或不定期的检查，以及根据工作需要做出实时调配。

如果领导安排我去从事对外业务，自己应该明白对外业务行为与利益关系规范。

对外业务行为与利益关系规范

（1）必须谨慎处理因公发生的各种宴请和交际应酬活动，应谢绝参加涉及违法或不良行为的活动。

（2）参加工作单位对外的交际应酬活动，应本着礼貌大方、简朴务实的原则，不能铺张浪费，如涉及违法或不良行为，应自我退避。

（3）对外部单位（或个人）支付的符合商业惯例的佣金、回扣、酬金等，应及时向本部门主管领导汇报。

（4）尊重业务关联或合作单位、客户是基本的职业准则。不能在任何时间、任何场合诋毁（或发生不利于）这些合作单位和个人的言行。

（5）未经本工作单位的书面批准，不能在外兼任获取薪金的工作。即便不获取报酬，我也不能在外从事下列兼职。

A.在工作单位的业务关联或合作单位、客户或者商业竞争对手那里兼职。

B.所兼任的工作构成对工作单位的商业竞争。

C.因兼职影响本职工作或有损工作单位形象。

（6）工作单位一般都会支持、鼓励员工在业余时间参加社会公益活动，但若要利用工作单位资源或占用工作时间，应事先获得工作单位书面批准。

（7）在不与工作单位利益发生冲突且不占用工作时间的前提下，可以从事合法个人投资活动。但不能利用工作单位内幕信息，指使、提示他人进行商业活动；不能挪用公款用于个人投资，谋取个人利益或为他人谋取利益。

（8）一般情况下，应主动对特殊关系进行回避。

A. 向工作单位推荐亲属或好友，应向人事部门提前申明；已存在亲属关系的员工，原则上应回避有业务关联的岗位。

B. 应避免工作之外与业务关联或合作单位的经营往来，不能利用工作或职务影响力在业务关联或合作单位安排亲属、接受劳务和技术经营服务或获取其他利益。如实在无法避免，应事先向工作单位申报，并得到书面批准。

职业人给人的第一印象来自最初的接触，他人对我的信任也是建立于最初的印象。第一印象来自下面的员工基本礼仪规范。

员工基本礼仪规范

在人际交往中要注意保持自己的人格和尊严，同时要以礼待人，尊重他人的人格；做到注重仪表，言语文明，礼貌待人，诚信经营，热忱服务，遵守社会规范和公司的规章制度及流程。

（1）着装礼仪方面

在工作时间，应保持仪表仪容整洁，如工作单位对所处岗位有穿着工服的规定，则应穿着工服上岗；我有义务和责任保持工服的整洁；工作区域内不能敞胸露背，衣冠不整；代表单位出席重要活动、约见重要客户，以及进行商务谈判时，应该着正装。

（2）交际礼仪方面

A. 在工作单位，我如果担任了领导职务，则要严于律己、宽以待人，以身作则、言传身教，尊重和爱护下属；作为下级要尊敬上级，对上级的指示要坚决执行，切忌工作中"有令不行，办事拖拉，工作乱请示，执行无回音"；如果感觉上级的指示有重要疏漏或自己觉得难以理解，应通过适当的方式和语气请示（一时难以理解和办到的，明确向上级说明需要回去再想想，之后要及时汇报思考的结果）。

B. 员工之间应保持以工作为中心的简单、和谐的人际关系；和同事之间要彼此尊重，一视同仁，以诚相待，充分沟通，相互支持和帮助；要保持健康的心态及诚恳的态度，做事光明磊落，不发布和传播不利于工作单位的负面信息。

C. 在工作现场遇见客户或同事，应微笑点头示意，或问候"您好"。发现客户进门或无人招呼时不能怠慢（千万不能置之不理），如果自己是距离最近者应主动迎面致意，询问客户意图或需求，属于本岗位职责范围的直接接待；属于非本岗位职责范围的，应引导客户与相关部门人员接洽，或到休息区小憩。应礼貌引导客人就座，客人落座后，应该奉上饮品后再去处理其他事务。

（3）参会礼仪方面

A. 遵守会议时间，听从会议组织者的安排。参会前应主动了解会议议题，并事先准备好相关资料以及自己的主张和意见（哪怕本次会议没有自己发表意见的机会，也应注意倾听，要思索如果自己是发表意见者，会按什么思路进行）。

B. 代表工作单位参加外部会议，应先询问是否需着正装，尽量使用工作单位配发的统一标识的名片、记录用具和相关宣传资料等。

C. 认真听会，不交头接耳，更不能大声喧哗；将手机调整到振动状态，不能在会场接打电话，如有重要电话，须到场外接听；如需提前离开会场时，应征得会议主持人的同意。

D. 如在会上发言，要实事求是，言简意赅。

（4）商务洽谈礼仪方面

A. 与客户或洽谈对象见面后热情握手（如是对方来访，则引导对方入座，端上饮品，先做自我介绍或引见介绍），使双方在友好、轻松的气氛中进入正题。

B. 洽谈过程中，宣传产品、介绍服务项目、阐述己方观点时，态度要谦逊平和；对方讲述时，要认真、耐心听取，不随意插话；向别人提问时，语气要委婉；说服对方时，应多用征询和协商的口吻；如遇客户不满或牢骚，要灵活机智地处置，可以办理或解释的应立即回复，难以处置的应随机应变，并向上一级主管汇报；在任何情形下，都不能与客户发生正面冲突。

C. 营销洽谈时，对营销洽谈中达成的协议或承诺，要不打折扣，认真履行；即使营销洽谈不成功，也应心平气和、礼貌道别。

D. 在营销洽谈和维修服务中，应掌握技巧，关注细节，善于从只言片语中捕捉客户信息，并以此作为拉近客户关系、营建良好氛围的基础。接待特殊客户时，应充分尊重不同民族、国家的风俗习惯和信仰。

E. 随着国际交往的增多，一些国际礼仪也被国人接受，例如对于人的年龄、收入、婚姻、家庭等状况，对方不主动谈及不应询问。还有重要的一条，不能使用中指去指点示意，那会被人看作非常缺乏教养。

（5）称谓礼仪方面

A. 工作单位内部一般以名字或姓氏加职务相称，也可在姓氏前加"小"或"老"，尽量称呼同事姓

氏之后的名字，也可以使用哥姐等尊称对方（但各工作单位的习惯不一样，只要是充分表达尊重的称呼即可）。

B. 在与工作单位外部的交往中，一般以姓氏加职务称呼对方。在对方身份不明的情况下，应以姓氏尊称对方"某先生""某女士"。

C. 在称呼对方时态度要真诚，表情自然，语调适中。

（6）接打电话礼仪方面

A. 打电话礼仪：拨通电话后，应先自报工作单位名称和本人姓名，或说"你好"。通话期间，语言要简洁明了，打完电话要说"再见"。打电话的时间，要充分考虑接话人的工作日程和作息时间方便与否；非特殊情形，一般不在午间休息时或晚上十点后打公务电话。

B. 接电话礼仪：拿起话筒后，若对方没有发话，可先自报工作单位及部门名称。通话过程中，要仔细聆听对方的讲话，及时作答。如对方请求代转电话，要问清楚并记录下来对方是谁，要找什么人，有什么事，联系方式是什么。转请别人接电话时，最好用手轻捂话筒，然后再叫接话人。

C. 通话结束时，挂电话尽量不显得突兀。

（7）介绍礼仪方面

A. 为他人介绍要坚持"了解对方、尊者优先"的原则，即应先向对方介绍本方人员，然后再介绍对方给本方人员；介绍时，一般将男士介绍给女士，先将年轻者介绍给年长者，职位低的介绍给职位高的（如是两边团队人员见面，应先将客人介绍给本方，将双方职位高的人先介绍认识）。一般先介绍姓名，再介绍职位。

B. 为他人作介绍时，应简洁明了，有需要指向示意的，应有礼貌地将手掌向上进行示意。不能含糊其辞，不能用手指来指点示意。

C. 当自己被他人介绍时，如果自己是男士，被介绍给女士时，应主动点头并稍稍欠身，然后等对方的反应，如女士没有握手的表示，男士应不要准备握手。如果自己是女士，被介绍给男士时，一般来说，女士微微点头就是有礼貌了（如果觉得这样显得太矜持了，愿意通过握手来表达热情，可以先伸出手来）。

D. 在作介绍过程中，介绍者与被介绍者的态度要热情得体、举止大方，应面带微笑。一般情况下，双方应保持站立姿势，相互热情应答。

（8）握手礼仪方面

A. 握手的姿势：一般性握手，两个人的手掌呈垂直状，表示平等而自然的关系；如要表示谦虚或恭敬，在同他人握手时让自己的掌心向上；一般不能用左手握手。

B. 握手的顺序：与客户之间，应先伸手，表现出热情、有礼貌。上下级之间，应上级先伸手；长幼之间，应长辈先伸手；男女之间，应女士先伸手。

C. 握手的时间和力度：握手的时间通常3～5秒为宜；握手时应两眼注视对方，表示诚意；握手的力度要适中，既不能过大，也不能过轻；如果是热烈握手，可以稍用力摇晃几下，以示非常友好。

（9）名片使用礼仪方面

A. 外出时，要事先备好按照工作单位统一要求印制的名片。

B. 名片一般放在衬衫的左侧口袋或西装的内侧口袋，尽量不要放在裤子口袋里。

C. 名片的递交方式：应双手递送名片，名片的字顺向对方，将4个手指并拢，大拇指与食指轻夹着名片的两端，递交于对方的胸前。

D. 名片的接收方式：应双手接过对方名片，并轻轻念出对方名字，以让对方确认无误；如果有不能确定认读的字，应主动请教对方；如果念错，应说"对不起"。拿到名片后，可将其排放在面前的桌子上，以备交流中忘记对方身份时参考；交谈结束时，应郑重收起对方名片，以示尊重；若是站立情况下的短暂交流，应将对方名片放置于自己的名片夹内，不要当场把玩对方的名片。若有领导在场，待领导递上名片后，再将自己的名片递上。

员工岗位就是工作现场，在这里的一举一动都是工作单位活动的一部分，当然应符合以下的工作现场行为规范。

工作现场行为规范

（1）作为员工在工作现场，不能从事与工作无关的活动，应保持积极的精神状态，不能喧哗、闲谈、玩耍、抽烟、随处蹲坐、踏足、躺卧。在与工作现场和一定距离外的同事沟通时，要走上前去轻声交流，不能大声呼喊。若有客人在场，内部人员沟通时应避开客人视线，以免打扰。（若无法避开，要先对客人说一句："对不起，打扰一下！"）上班时间不能利用办公计算机聊天、玩游戏、网络购物，也不能用自己的手机上网，进行与工作无关的阅读和聊天。

（2）作为员工在工作时间外出，应向自己的主管上级请示，并同时告知本部门同事；若在此期间有来访、来电，应委托同事记录来访者的单位、姓名、联系电话及来访、来电事由等，以免

影响正常工作。

（3）应妥善保管单位配发的文具和工具，爱护工作单位的各种设施设备、办公用品；未经相关领导批准，不能随意改变职场设置，不能变更固定资产的领用人或部门。

（4）应妥善保管私人随身物品。

（5）上班时要先进行工作环境的清理和擦拭，做好各项工作前的准备工作，排除工作和生产操作中的障碍，为团队伙伴创造良好的工作条件。

（6）应熟悉工作岗位的要求，对设计要求、质量要求、具体做法及用户需求应有清楚的了解，按工作流程或产品施工要求进行工作，按完成的质量标准进行验收。

（7）应对所负责工序的产品和服务质量做好自检、（与他人配合进行）互检和终检。

（8）应协助其他部门或岗位的工作人员提供必要的原始记录、数据等。

（9）贯彻工作单位的岗位要求，在做好自己主岗工作的同时，认真做好兼岗工作。做好自动自发，对其他岗位出现的工作积压和难题，应弹性地自动替补和解决。对自己力所不及的问题，要立即主动向相关部门或领导反映。

（10）应贯彻各项生产、技术和质量要求，严格执行材料消耗定额，降低施工成本。

（11）如是在操作现场，要严格对施工现场电气、机械设备等做好日常保养、擦拭、点检和记录，保证设备的正常运转。

（12）要认真学习专业技术，学习安全和操作规程，保证安全生产，做到防水、防火、防电、防寒、防高温、防污等，不违章冒险作业和违章指挥。要严格遵守安全管理制度，发现违章作业要立即制止，发现不安全因素和隐患及时采取措施，杜绝事故发生的根源。

（13）认真消除事故隐患，发生工伤事故时要立即报告，并保护好现场，参加并协助事故调查分析。

（14）如果是老员工，应积极对学徒或实习生进行技术指导和培训，做好"传、帮、带"的工作。

（15）除本职固定工作外，应积极完成领导交办的其他工作。

（16）下班时要进行整理和整顿，让现场达到6S标准。如是办公室工作人员，办公桌面只可摆放必要的办公用品并保持整洁，下班前应将重要文件、物品锁入抽屉或文件柜中，关闭计算机。如是最后离开者，应关闭电源；如是操作场所员工，应收好工具，保证自己负责管理的设备、工位区域环境的整洁。

4 下班后，业余爱好中显出素养

职业是支撑人生的重要平台，但它不是人生的全部。应该记住，职场可以让人很成功，职场可以带来维持家庭生计的基础，但首要的还是家庭的幸福，还有我们内心的平静和坦然。

四提倡：运动、阅读、公益、陪家人

很多人在职场上"跳来跳去"、心态焦躁，3个月不能涨工资就跳槽，3年不能升职就觉得没有前途。其中大多缘于没有将职场与生活的关系摆正确。

一个人在工作上如果做到了稳定、游刃有余，才有精力和兴趣放在家庭和业余爱好上。这样也可以避免总觉得"年富力强"，总想通过换工作等来追求新的挑战。所以提倡——

A. 最好能有一两项运动爱好。

运动会使人身轻体健，能反映出积极向上的心态，让人产生愿意合作的情绪，同时还可以为承担繁重的工作提供身体条件。在发达国家，许多高水平运动员都是业余的，至于普通的职场人进行业余运动，可以说是普遍现象。

B. 阅读可以从高人那里"偷艺"。

阅读是唯一不需要经过高人同意就可以获得对方智慧的途径。想想看，如果找一位能著书立说的高人不知要费多少周折，但你读他的书，是没人能阻拦的。

C. 有余力，做公益。

有的职场人，心中有回馈社会的爱心，他们在工作单位就像一颗小小的螺丝钉不起眼，但奉献爱心时却体现出"大写的人"。做公益，不一定要捐出钱财，也不一定要给予很远地方的不认识的人帮助。其实有时只要给别人一个微笑，或随手捡起身边的垃圾，都是在做公益。做公益能让人感到有社会成就感，心里会很充实、很自豪。

D. 首要事，陪家人。

工作之余，排在第一位的就是安排和家人在一起的时间，并且最好是保证一定的时间走出家门，这样在享受自然、进行文体活动的同时，增进了家庭成员的沟通，对上易于尽孝道，对下可以促使下一代的身心健康，对自己的丈夫或妻子可以增加生活的幸福感。

做一个有素养的职场人,方方面面的要求和规矩不少,但长期坚持,变成习惯,也就不会觉得有多难了。

三控制:控烟、控"粗"、控上网

当下社会,许多年轻人已经被一些不良习惯所"俘虏",最普遍的影响大家素养提升的是3个生活小节,因此专门提出控烟、控"粗"、控上网的"三控"。

A. 控烟。

吸烟是一个对吸烟者本人、对家庭和社会"有百害而无一利"的事情,在发达国家,吸烟者已经是一个不光彩的形象。在中国,作为一个有职业素养的人,应该努力做到不抽烟。对于那些已经吸烟上瘾者,尽量做到不在公众场合吸烟,然后逐渐由少吸烟变为不吸烟,逐步提高自我控制意识。

B. 控"粗"。

控制行为上的"粗俗",尤其是要不讲粗话,还应避免不分场合的高声喧哗。再就是不要在公共场合衣冠不整、袒胸露背。职场人士应该随着文化水平的提高,相应提升自己的气质、品位和举止,随之就可以赢得他人的尊重。

C. 控上网。

控制各种(工作与必要通信之外的)上网阅读、上网社交。根据2015年年底官方发布的报告,中国将近7亿网民,人均每天上网近4小时。这其中除了少部分人是以互联网为工作平台的,多数人只有少量的上网是必要的通信、工作与生活资料查询,绝大多数都是非工作和生活必要的网上社交与阅读。

一方面,这些非工作和生活必要的交流与阅读,意义不大有时甚至有害;另一方面,是这种"微社交""微阅读"占用的时间太多,"侵占"了上班时的心思,"侵占"了家庭的亲情(一家人抱着手机各看各的,人在一起,心却不在一起)。

有人可能认为在上班路上,走路或者乘车时上网看手机既没有占工作和家庭交流时间,又没有耽误行程,应该没有太大问题吧。其实这种阅读也是弊多利少。第一是走路和在动荡的车厢中看手机,对眼睛损害大,尤其是走路时看手机还潜藏着很大的交通安全风险;第二是这样场合的观看阅读,实际上是剥夺了大脑难得的闲暇与放松,等于在完全不值得的地方,延长和增加了自己生活工作的紧张和压力。

所以过多的上网就是给自己带来"网扰",尤其手机过多上网已经成了社会公害。职场人应该是能够做好自我管理的人,控制不必要的微社交、微阅读,建议将每天的手机上网时间尽量控制在1小时之内。

5　晚上了，给自己打个分吧

一天的工作与生活在忙碌和惬意中度过，轻松的时钟滴答声，即将把我带入梦乡。在职业素养的保证下，我这一天干得怎样呢？明天，工作单位可能会使用下面这张表，让同事们互相进行评价，那就在临睡前给自己打一下分吧。

同事对员工的工作评价表

被考评人：我　　　　　考评时间：有职业追求的日子里

序号	考评内容	分值	得分
1	你感觉被考评人在多大程度上胜任了本职工作？	10	
2	被考评人对于工作中的新问题，是否具备钻研精神，是否具备积极寻找新的办法去解决问题的心态？	10	
3	被考评人是否很关心工作现场出现的各种问题，经常到工作现场去解决问题？	10	
4	被考评人是否经常关心同事遇到的问题与工作需求，是否能通过与同事一起研究，找出解决工作问题的规律，并通过相关途径建议修改和制定规章制度，为以后的工作铺平道路？	10	
5	被考评人与别人对接工作是否具体明确，是否能按照"实化管理法"，特别是按"5W1H"定制化要求，对承担的工作做好追踪落实？	10	
6	被考评人在你周围同事中的威信高吗？你佩服被考评人吗？	10	
7	被考评人对于自己职责内的工作，是否总是积极主动想办法去完成？是否有经常遇事推诿、推卸责任、找借口的习惯？被考评人有自我批评精神吗？	10	

续表

序号	考评内容	分值	得分
8	你觉得被考评人对别人尊重吗,有爱心吗?	10	
9	你觉得被考评人对他人能做到公平公正吗?能够经常站在"自己就是公司老板"的立场上办事吗?	10	
10	你觉得被考评人有从容不迫的工作作风吗?能够长期追求和修炼职业素养吗?	10	
合计		100	

哦,自我打分的结果还不错,正因为自己坚持修炼职业素养,果然每天都实现了一点点进步。踏实进入梦乡吧,明天的生活还在召唤我呢……

从容地坚持

——职业素养修持者应该散发出来的光彩

初中毕业生，可以成长为知名学者。

祁连山区一位默默无名的地质队员，可以成为伯乐们竞相推荐的千里马。

乡下进城的打工妹，十年间成了公司的财务总监。

盯住一家种子公司干下来，小伙子获得了公司老板给予的分红权……

这些人，事业的起点在同时代中明显是偏低的，可他们却能成为获得成功的幸运儿。

他们成功的原因在何处？

成功者的故事不胜枚举。

但我们周边围绕的更多是——

焦虑，烦恼，叹息，牢骚。

再好的单位在很多员工的口中都是"令人生厌"！

他们上岗之前表态：我善良，吃苦耐劳，踏实肯干，善于沟通……

可是，上岗之后许多人经常都会动这样的心思：要不再换一家？

单位负责人们，环顾四周搜寻可用之才，总是感到少之又少！

可那些想找到工作岗位的人，却难以迈进这些单位的大门……

这些人，为什么承受了这么多的挫败感？

泰坦尼克号是被冰山撞沉的，但在它起航之前，多个运行和管理岗位上缺乏职业素养而形成的"冰山"，早已决定了它似乎只有朝冰山撞去这一条路。

"8·12"天津滨海大爆炸的起因，来自装有硝化棉的集装箱积热自燃，从而引发其他危化品爆炸。可承运集装箱和管理货场的那家公司，数年来违规运作，违反职业素养中的诚信和专业要求的诸多手法，一直都在给自己企业"积热"！只是这一次，热积够了而已。

从容地坚持
——职业素养修持者
应该散发出来的光彩

结语

可是多少无辜的生命和财产因此遭受到了莫大的损害！

泰坦尼克号的股东和天津滨海大爆炸中的那么多责任人，大多是同时代人中事业成功的幸运儿，可一下子也让灾难给掀翻了。

由成功走向失败，"必然撞向冰山"和"一直在为爆炸而积热"的根本原因到底是什么？

总之，我们看到了——

有的人，从偏低的起点走向了事业的成功；

很多的人，感觉自己的人生被挫败感裹挟；

还有一些人，已经走向成功，却被人为的灾难突然掀翻了。

探究成与败的背后，发现大多离不开这个词——职业素养。

成功者拥抱着它，烦恼者没有抓牢它，成而归败者未能拥有它。

职业素养对于职场人，是最宝贵的"护身符"和"特别通行证"。

实际上，它也是当今中国各种经济要素中"最为稀缺的一部分"！

这种稀缺，不仅体现在普通的从业者身上，管理者应该做出更多的努力，或者说他们在职业素养的培养与提高方面负有更大的责任。

政府已经开始呼唤"工匠精神"，开始提倡现代师徒制。

改革开放已经迈过40年。我们享受了太多的改革红利、商品短缺红利、人口红利、市场红利等。我们不可以挥霍时代给予的机遇，不可以躲避对自己职业素养的叩问。

到今天，各种压力接踵而至，政府和民间，供应者与使用者，全都认知到：战胜市场挤压，摆脱职场困境，求得人生成长与成功，提升全民的职业素养，绝对是一条必由之路。

我们是否应该通过职业素养的提升，再让中国享受一次职业素养的红利呢？

本书到了结语阶段，应该回答这样直击人心的话题——

一个具备相当职业素养的职场人，到底应该是一个什么样的形象？

那么，让我们回顾一下本书的核心内容——

从诚信的角度看，他应该是忠于职守的，轻易不改换门庭的（提升和改换门庭，一般是等着伯乐来相中的）。

　　从专业的角度看,他长期钻研本专业,对行业和专业是驾轻就熟的专家(并且博学而有主见)。

　　从职业态度上看,他既积极向前克服困难,又谨慎对待难题(讲规矩,又有科学探索精神;谦和待人,又进退适度)。

　　不会急功近利,很少怨天尤人,甘于为人铺路,追求家庭幸福,同时不缺少济世分忧的情怀。

　　他在工作中持续积累自己的价值,并且越来越受到合作者的欢迎;他心态坦然,思路清晰,办法多多,让人放心。

　　如果用一个简练的语句,他是——

　　从容地坚持在职场上的人。

　　这就是职业素养修持者应该散发出来的光彩!

致谢

本书第二版以新的面貌呈现,得到诸多人士的支持及协助——

参与北京修证公益基金会职业素养公益教学点的20多所院校、近百位教师对原版内容在学校持续数年的教学实践中,一直对本书予以持续真诚热情的支持。

作为北京修证公益基金会《职业素养教育教学参考》编辑的常卫霞、伦学颖、裘琛、史明杰、赵明娟、温时德、武颖、许冬悦、刘寅峰、房华等,持续在该刊发表针对本书原版内容相关教育与教学研究的学术成果,为此次内容修订提供了很多珍贵的思路和具体建议。

常卫霞、许冬悦具体参与了本次内容修订,并为本版次新设计和制作了微课视频等辅教材料。

白蕤为本版次修订提供了编务协助。

此外,诸多领导、前辈、师友、同行给予了鼓励和支持。

在此,一并致以衷心的感谢!

许琼林